Jeden Tag ein bißchen mehr WEIHNACHTEN

Max Inzinger · Birte Pröttel

Made in Germany 10/1983
Genehmigte Ausgabe

Umschlagentwurf: Design Team München
Redaktion: Birte Pröttel und Max Inzinger
Fotos: TLC-Foto-Studio, Bocholt
Grafische Gestaltung: Atelier Mertz, Mainz
Druck: Reiff-Druck, Offenburg
ISBN 3-442-10184-0

Jeden Tag ein bißchen mehr WEIHNACHTEN

* * * * * *

Basteltips, Geschenkideen,
Lieder und Geschichten.
Die besten Backrezepte und Festtagsmenüs
für die schönste Zeit des Jahres.

Max Inzinger · Birte Pröttel

Wilhelm Goldmann Verlag

Inhaltsverzeichnis

Aus der Backstube und Geschenkküche

Aus der Festtagsküche

Aus der Bastelstube

Advent... wie soll ich dich empfangen und wie begegn' ich dir, o aller Welt Verlangen, o meiner Seele Zier?

O Jesu, Jesu, zünde dein Licht im Herzen an, damit ich recht ergründe, was dich erfreuen kann.

Unser Adventskranz aus Honigkuchenteig ist nicht nur zum Anzünden von Licht, sondern auch zum Aufessen gedacht.

Allerdings erst nach dem 4. Advent, denn dann ist der Teig so richtig weich und mürbe.

Advents-kranz

AUS DER BACKSTUBE

Adventskranz aus Honigkuchenteig

Das braucht man:

250 g Honig
100 g Zucker
1 Päckchen Vanillezucker
1 EL Öl
1 Ei
1/2 Fläschchen Rum-Aroma
500 g Mehl
1 Päckchen Backpulver

Für den Guß:

150 g Puderzucker
Eiweiß

Zum Bestreuen:

Puderzucker

Für die Garnitur:

4 braune oder grüne Wachskerzen oder
4 Kerzen aus Marzipan-Rohmasse geformt

So macht man's:

1. Honig, Zucker und Vanillezucker in einen Topf geben, erwärmen, bis sich der Zukker vollkommen aufgelöst hat. Kalt stellen.

2. Unter die fast erkaltete Masse nach und nach Öl, Ei und Rum-Aroma rühren.

3. Mehl und Backpulver mischen, 2/3 davon eßlöffelweise unterrühren. Restliches Mehl mit dem Teigbrei zu einem festen Teig verarbeiten.

4. Knapp die Hälfte des Teiges etwa 1/2 cm dick ausrollen, eine Platte von etwa 25 cm Durchmesser ausschneiden, auf ein gefettetes Backblech legen.

5. Restlichen Teig ebenfalls 1/2 cm dick ausrollen und 20 große Sterne und 16 kleine Sterne ausstechen. Aus 8 kleinen Sternen in der Mitte nochmals so ein Loch ausstechen, daß man später die Kerzen hineinstecken kann. Sollte noch Teig übrig sein, beliebige Formen ausstechen.

6. Bei 200 - 220° (Gasherd Stufe 3 - 4) etwa 10 - 15 Minuten backen. Nach dem Bakken sofort vom Backblech lösen und auf einem Kuchenrost auskühlen lassen.

7. Für den Guß gesiebten Puderzucker mit soviel verquirltem Eiweiß verrühren, daß eine dickflüssige Masse entsteht.

8. Teigplatte auf einen entsprechend großen Teller (Holz oder Porzellan) legen. 8 große Sterne gleichmäßig als Kreis mit etwas Guß auf die Platte setzen. Darauf nochmals 8 große Sterne mit Guß kleben. Nun auf jeden zweiten Stern einen großen Stern setzen und darauf jeweils 2 kleine Sterne mit Loch für die Kerzen kleben. Restliche 8 kleine Sterne auf die großen Sterne kleben.

9. Restlichen Puderzuckerguß in ein Pergamenttütchen füllen und Eiszapfen damit auf die entstandenen Tannenbäumchen spritzen. 1 Eßlöffel Puderzucker in ein Sieb geben und alles damit überzuckern.

10. Kerzen in die dafür vorbereiteten Löcher stecken.

TIP

Den Adventskranz aus Honigkuchenteig kann man mit Zuckerperlen oder anderem bunten Zuckerdekor verzieren. Zwischen die einzelnen Sterne kann man kleine Tannenzweiglein setzen.

Schablone (Originalgröße)

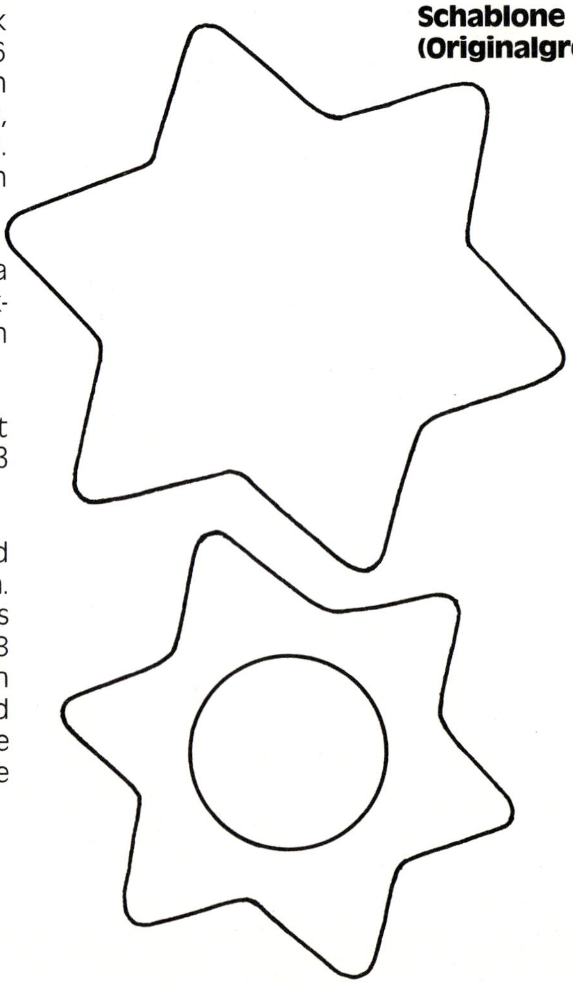

Die Weihnachtsgeschichte

Es begab sich zu der Zeit, daß ein Befehl von Kaiser Augustus ausging, daß alle Einwohner unter römischer Herrschaft gezählt würden. Diese Zählung war die erste und wurde durchgeführt zu einer Zeit, da Cyrenius Landpfleger in Syrien war. Für diese Zählung mußte sich jeder in seine Heimatstadt begeben.

Und es brach auch auf Joseph aus Galiläa, aus der Stadt Nazareth, in das jüdische Land zur Stadt Davids, die da heißt Bethlehem, weil er von dem Hause und Geschlechte Davids war, auf daß er sich zählen ließe mit Maria, seinem angetrauten Weibe. Die war schwanger. Und als sie in Bethlehem waren, kam die Zeit, daß sie gebären sollte. Und sie hatten sonst keinen Raum in der Herberge und mußten im Stall schlafen.

Und es waren Hirten in derselben Gegend auf dem Felde, die hüteten des Nachts ihre Herde. Und siehe: Des Herrn Engel trat zu ihnen, und die Klarheit des Herrn leuchtete um sie und sie fürchteten sich sehr. Und der Engel sprach zu ihnen:

"Fürchtet euch nicht! Siehe, ich verkünde euch große Freude, die allem Volk widerfahren wird; denn euch ist heute der Heiland geboren, welcher ist Christus, der Herr, in der Stadt Davids. Und das habt zum Zeichen: ihr werdet finden das Kind in Windeln gewickelt und in einer Krippe liegen." Und alsbald war da bei dem Engel die Menge der himmlischen Heerscharen, die lobten Gott und sprachen:

"Ehre sei Gott in der Höhe und Friede auf Erden und den Menschen ein Wohlgefallen!"

Und da die Engel von ihnen gen Himmel fuhren, sprachen die Hirten untereinander: "Laßt uns nun gehen gen Bethlehem und die Geschichte sehen, die da geschehen ist, die der Herr uns kundgetan hat."

Und sie kamen eilend und fanden beide, Maria und Joseph, dazu das Kind in der Krippe liegen. Da sie es aber gesehen hatten, breiteten sie das Wort aus, welches zu ihnen von diesem Kinde gesagt war. Und alle, vor die es kam, wunderten sich der Rede, die ihnen die Hirten gesagt hatten. Maria aber behielt alle diese Worte und bewegte sie in ihrem Herzen. Und die Hirten kehrten wieder um, priesen und lobten Gott um alles, was sie gehört und gesehen hatten, wie denn zu ihnen gesagt war.

Die spannende, geheimnisvolle Zeit bis Weihnachten verkürzt und versüßt dieses selbstgebaute Advents-Dorf. Hinter Türen und Fenstern verbergen sich Tag für Tag kleine Überraschungen.

Adventskalender

NIKOLAUS
STERN
MODEN

AUS DER BASTELSTUBE

Adventskalender

Das brauchen Sie:

2 Modellkartons (für Architekturmodelle) 5 mm stark, Moltofill, Zahnstocher, Gardinen- und Spitzenreste, Stecknadeln ohne Kopf, Alleskleber, Wasserfarbe oder Wasserlack (Deka), kleine Weihnachtsfiguren (entweder selbst modelliert oder fertig gekauft).

Werkzeug:

Pinsel in verschiedenen Stärken, Spachtel, Brotmesser, scharfes Küchen- oder Teppichmesser, Metall-Lineal.

Ausführung:

Alle Teile laut Schnittzeichnung auf Modell-Karton aufzeichnen und mit scharfem Messer ausschneiden. Am besten schneiden Sie, wenn Sie das Lineal auf die Linien legen und daran entlang schneiden. Fenster- und Türöffnungen vorsichtig ausschneiden. Die zusammengehörenden Teile probeweise zusammensetzen, eventuell Unebenheiten ausgleichen. Die Kanten mit Klebstoff bestreichen, Teile zusammenfügen und mit Stecknadeln fixieren.

Damit die Adventsüberraschungen, die hinter Türen und Fenstern versteckt werden, auch richtig liegen, müssen auf der Rückseite schmale Kartonstreifen eingeklebt werden. Die Streifen müssen Sie entsprechend der Hausgröße zuschneiden. Moltofill nun relativ dick anrühren und ein Haus nach dem anderen "verputzen".

Haus 1: Abbildung 1

Moltofill auf Dach dick auftragen und mit geriffeltem Eiskratzer fürs Auto oder grobem Kamm die "Dachziegel" einarbeiten. Fassade mit Spachtel oder Teigschaber glätten, mit Fingerspitzen Struktur um die Fenster einarbeiten.

Haus 2: Abbildung 2

Vor dem Auftragen des Moltofill einen Balkon aus zwei schmalen Kartonstreifen, zwischen die halbe Zahnstocher gesteckt werden, aufkleben. Fensterbänke aus 3 mm breiten Kartonstreifen anbringen, ebenso Stufen aus 2 Streifen. Für die "Lampe" ein kleines Kartonstückchen aufkleben, dann das Haus mit Moltofill einstreichen, Fassade etwas glätten, aber auch Unebenheiten lassen.

Haus 3: Abbildung 3

Zunächst auf den Giebel schmale Streifen kleben. Dieses Haus hat nur ein "echtes" Fenster. Die anderen Fenster werden nach dem Auftragen von Moltofill durch Darüberstreichen mit einem Stück Pappe von 3 cm Breite eingearbeitet. Das Streifenmuster zwischen den einzelnen Fensterreihen entsteht durch ein Stück Kamm oder gezackte Pappe.

Haus 4: Abbildung 4

Einen Streifen Karton als "Dachrinne" aufkleben. Über der Tür und dem mittleren Fenster je zwei kleine Streifen anbringen, dann Moltofill auftragen. Das Dach wird durch ein Brotmesser mit Wellenschliff verziert, die Fassade erhält die Struktur durch Betupfen mit einem Borstenpinsel.

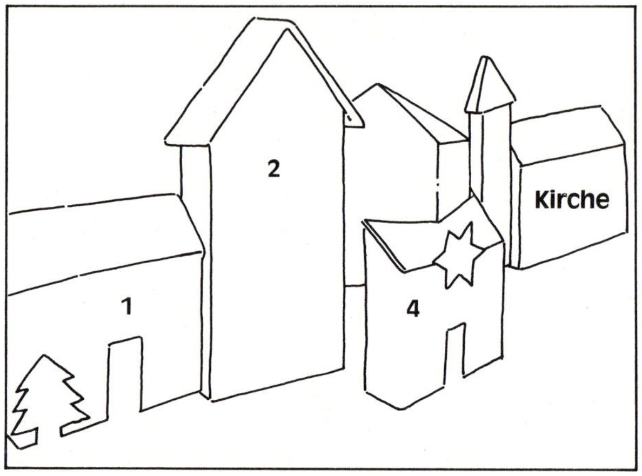

Kirche: Abbildung 5 + 6

Nach dem Zusammenkleben der Teile alles mit Moltofill einstreichen, dabei am unteren Rand des Kirchenschiffs Moltofill doppelt dick auftragen und daraus einen Mauervorsprung arbeiten. Die Fensteröffnungen mit dem Finger nacharbeiten, das Dach von Turm und Schiff mit gezackter Pappe strukturieren.

Das Bemalen:

Nach dem guten Trocknen der Spachtelmasse lassen Sie Ihrer Phantasie beim Bemalen der Häuser freien Lauf. Es eignen sich Wasserfarben oder Wasserlack.
Fenster und Türen werden verschlossen, indem farbige Papiere und Spitzen- und Gardinenreste in die Öffnungen von hinten eingeklebt werden. Zum Schluß werden Schriften und Verzierungen, wie die aufgeklebten Weihnachtsfiguren, angebracht.

Fertigstellung:

Legen Sie alle Teile auf die zweite Kartonplatte (diagonal). Zeichnen Sie mit Bleistift die Konturen der Häuser auf, entfernen die Teile und schneiden die Platte zu. (Eventuell müssen Sie an den Seiten noch etwas Karton ankleben). Die unteren Seiten der Häuser werden geschlossen, indem passende Kartonstreifen eingepaßt und -geklebt werden.

Legen Sie nun die Häuser mit der Frontseite nach unten, füllen die Fenster und Türen mit Adventsüberraschungen und schließen nun die Adventskalenderrückseite mit der vorgeschnittenen Kartonplatte. Dazu stecken Sie von hinten an den Rändern entlang Stecknadeln durch die Platte in die Hauswände. Ein zusätzlicher Streifen Tesa an den Rändern sorgt für vollkommene Festigkeit.

Wenn Sie im nächsten Jahr den Kalender wieder benützen wollen, öffnen Sie die Rückseite, bringen neue Gardinen und Türen an und eine neue Vorweihnachtszeit kann beginnen.

Unser Kalender hat keine Numerierung für die einzelnen Adventstage. Wenn Sie aber gerne die Reihenfolge festlegen wollen, in der die Überraschungen herausgeholt werden sollen, dann können Sie natürlich mit Filzstift die Nummern anbringen.

Übrigens:

Dieser Kalender ist nur als Anregung für eigene Entwürfe gedacht. Vielleicht basteln Sie eine Ritterburg oder einen Bauernhof als Adventskalender.

Bastelanleitung

siehe Seite 212 + 213

Ave Maria

Es ist schon Feierabend gewest,
der heilige Josef hobelt noch fest.
Er macht wohl eine Liegerstätt'
für einen Reichen zu Nazareth.

Die Jungfrau Maria hat noch genäht!
Zur Arbeit war es ihr nicht zu spät.
Sie fädelt wieder die Nadel ein,
die Arbeit muß morgen schon fertig sein.

Er hobelt weiter, sie näht das Kleid,
die Stube liegt bald in Dunkelheit.
Da öffnet ein Engel des Herrn die Tür
und sagt: "Maria, der Herr ist mit dir.

Ich trag' eine frohe Botschaft bei.
Unter den Weibern du bist benedeit,
ja, deiner wartet das schönste Los,
Du trägst Herrn Jesum in deinem Schoß".

Jetzt ist der Engel wiederum fort,
Maria hörte das fröhliche Wort
und lacht glücklich in sich hinein,
da würde sie nun bald Mutter sein.

Sie hat sich aber gleich aufgerafft
und hat gar fleißig weitergeschafft.
Der Josef hobelt an seinem Bett
für einen Reichen in Nazareth.

Ludwig Thoma

Die Welt wird kalt, die Welt wird stumm, der Winter, der geht schweigend um. Er zieht den Schnee ganz weiß und dicht,
der Erde über's Angesicht.

Diese Zeit ist der Startschuß für die vorweihnachtliche Hausbäckerei, die mit ihrem süßen Duft die Häuser und vor allem die Kinderherzen erfüllt.

Mit unseren BUNTEN LEBKUCHEN muß man jetzt beginnen. Sie brauchen viel Zeit, bis sie weich und mürbe werden.

Bunte Lebkuchen

AUS DER BACKSTUBE

Bunte Lebkuchen

Das braucht man:

Für den Teig:
375 g Bienenhonig
150 g Zucker
2 TL gemahlenen Kardamom
3 TL gemahlenen Zimt
1 TL gemahlene Nelken
etwas abgeriebene Zitronenschale
1 EL Kirschwasser
500 g Mehl
2 Eier
1 Päckchen Backpulver
100 g abgezogene, gehackte Mandeln
50 g gehackte Haselnußkerne
50 g gewürfeltes Zitronat

Für den Guß:
250 g Puderzucker
Zitronensaft

Zum Verzieren:
Buntzucker
abgezogene halbierte Mandeln
in Streifen geschnittenes Zitronat

So macht man's:

1. Honig, Zucker, Gewürze, Kirschwasser und Eier gut verrühren.
2. Mehl und Backpulver mischen, eßlöffelweise unterrühren.
3. Mandeln, Haselnußkerne und Zitronat hinzufügen und unter den Teig heben.
4. Oblaten von 6 x 3 cm oder runde mit 6 cm Ø mit dem Teig bestreichen und auf ein Backblech legen.
5. Bei 175 - 200° (Gasherd Stufe 3 - 4) 15 - 20 Minuten backen
6. Für den Guß Puderzucker sieben und mit so viel Zitronensaft verrühren, daß ein dünnflüssiger Guß entsteht.
7. Abgekühlte Lebkuchen dünn mit dem Guß bestreichen und mit Buntzucker, Mandelhälften und Zitronatstreifen verzieren.
8. Guß fest werden lassen und in einer gut zu verschließenden Dose aufheben.

TIP

Den restlichen Zuckerguß kann man zum Beispiel rot einfärben, in ein spitz zugedrehtes Pergamenttütchen füllen und damit Ornamente oder Namen von Freunden, Verwandten und Bekannten darauf spritzen.

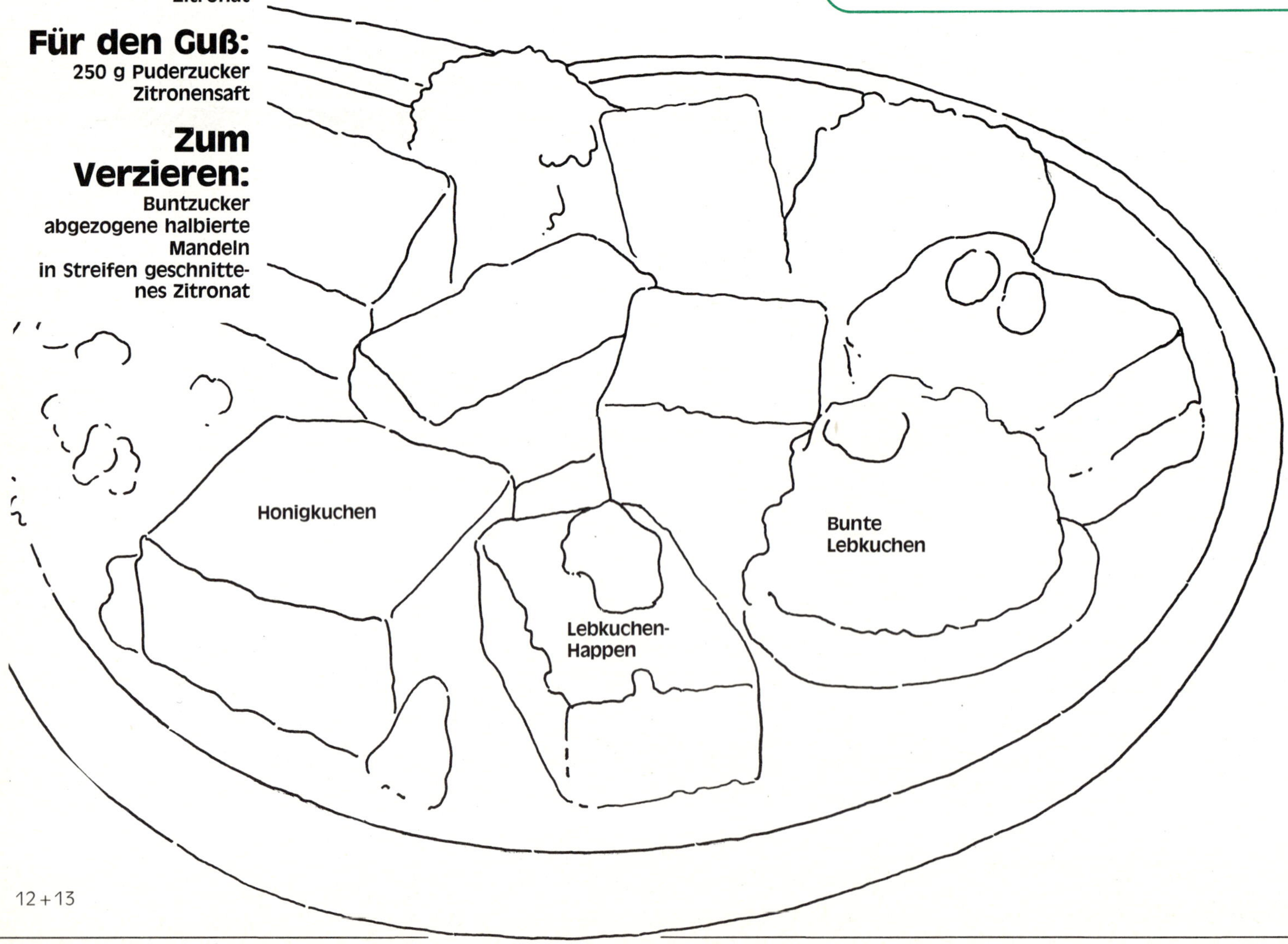

Feiner Honigkuchen

Das braucht man:

Für den Teig:

375 g Bienenhonig
125 g Zucker
1 Päckchen Vanillezucker
100 g Margarine
100 g Schweineschmalz
2 Eier
3 TL gemahlenen Zimt
1/2 TL gemahlenen Kardamom
1/2 TL gemahlene Nelken
4 Tropfen Bittermandelöl
1 Fläschchen Rum-Aroma
abgeriebene Schale einer Orange
500 g Mehl
1 Päckchen Backpulver
3 EL Kakao
1/8 l Milch
100 g grob gehackte Haselnußkerne
100 g gewürfeltes Zitronat
150 g gewaschene Korinthen

Zum Bestreichen:

4 EL Johannisbeergelee

Für den Guß:

250 g Schokoladenkuvertüre

So macht man's:

1. Honig, Zucker, Vanillezucker, Margarine und Schmalz erwärmen und zerlassen in eine Rührschüssel geben. Kalt stellen.

2. Unter die fast erkaltete Masse Eier, Gewürze, Orangenschale und nach und nach das mit Backpulver und Kakao gemischte Mehl abwechselnd mit der Milch unterrühren.

3. Zum Schluß Haselnußkerne, Zitronat und Korinthen unter den Teig heben.

4. Teig gut 1 cm dick auf ein gefettetes Backblech streichen.

5. Bei 175 - 200° (Gasherd Stufe 3 - 4) 25 - 30 Minuten backen.

6. Zum Bestreichen Johannisbeergelee erhitzen, den noch heißen Lebkuchen dünn damit bestreichen.

7. Schokoladenkuvertüre bei schwacher Hitze so lange erwärmen, bis sie sich glattrühren läßt.

8. Honigkuchen mit dem Guß bestreichen und sofort mit einem scharfen Messer in Stücke von etwa 6 x 6 cm schneiden. Nach Belieben verzieren.

Lebkuchenhappen

Das braucht man:

Für den Teig:

250 g Bienenhonig
250 g Zucker
400 g Mehl
200 g gemahlene Haselnußkerne
1 Ei
125 g gehackte Haselnußkerne
50 g gewürfeltes Zitronat
50 g gewürfeltes Orangeat
1/2 TL gemahlene Nelken
1 TL gemahlenen Zimt
15 g Hirschhornsalz
5 cl Rum

Zum Bestreichen:

4 EL Aprikosenkonfitüre

Für den Guß:

Zitronenglasur oder Schokoladenkuvertüre

Zum Verzieren:

Haselnußkerne

So macht man's:

1. Honig und Zucker erwärmen. Zucker muß sich vollständig aufgelöst haben, dann in eine Rührschüssel geben und abkühlen lassen.

2. Unter die fast erkaltete Masse nach und nach Mehl, Nüsse, Ei, gehackte Nüsse, Zitronat, Orangeat und Gewürze geben.

3. Hirschhornsalz in Rum auflösen, unter den Teig rühren, zu einer glatten Masse verarbeiten.

4. Teig fingerdick auf einem gefetteten Backblech ausrollen. Sollte er kleben, mit Mehl etwas bestäuben.

5. Bei 175 - 200° (Gasherd Stufe 3 - 4) 20 - 30 Minuten backen.

6. Zum Bestreichen Konfitüre durch ein Sieb streichen, erhitzen und den Lebkuchen sofort nach dem Backen dünn damit bestreichen. Kalt stellen.

7. Für den Guß Zitronenglasur oder Schokoladenkuvertüre nach Anweisung auf der Packung auflösen. Lebkuchen damit überziehen.

8. In rechteckige oder quadratische Stücke schneiden und auf jedes Stück einen Haselnußkern legen.

9. Lebkuchenhappen in einer Dose aufbewahren.

Dezember-Fenster

Tannenzapfen, rotbackige Äpfel, grüne Zweige und brennende Kerzen symbolisieren Lebensfreude. Der Blick durch ein so geschmücktes Fenster stimmt froh, auch wenn's draußen trüb ist.

14+15

AUS DER BASTELSTUBE

Dezember-Fenster

Das brauchen Sie:

1 Knäuel dicke, rote Wolle; 30 cm roten Filz, 120 cm breit; circa 20 — 25 Tannenzapfen; 4 dicke, rote Kerzen; 5 lange, weiße Kerzen; Klebewachs; eine Gardinenstange in Fensterbreite mit 2 Haken; rote Kunstäpfel (Knorr); Tannengrün; Klebstoff; Blumendraht.

Ausführung:

Schneiden Sie aus Papier ein Musterherz nach der Schnittzeichnung zu. Anschließend aus dem Filz ca. 25 — je nach Fensterbreite — Herzen zuschneiden. Nun die Hälfte der Herzen auf ca. 1 m lange Wollfäden kleben. Ebenso viele Zapfen mit Hilfe von Blumendraht an Wollfäden befestigen.

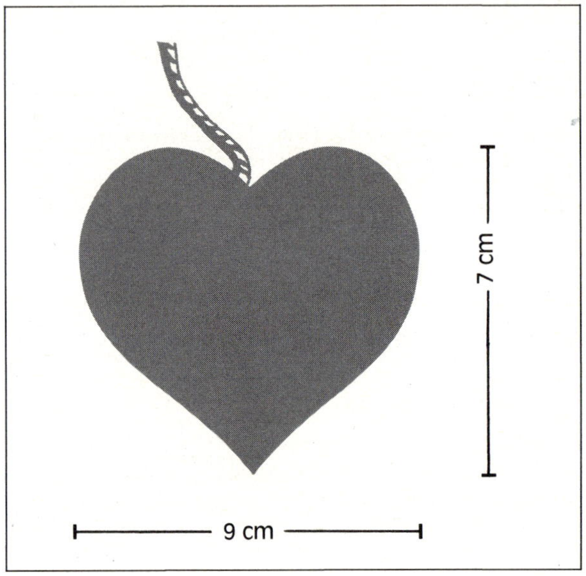

Befestigen Sie nun die Gardinenstange am oberen Fensterrahmen. An diese Stange knüpfen Sie dann abwechselnd einen Faden mit einem Herzen oder einem Zapfen am Ende. Zu dieser Arbeit brauchen Sie etwas Geduld, denn Zapfen und Herzen sollen in einem schön geschwungenen Bogen über der Fenstermitte aufgehängt werden.

Wenn alle Teile zu Ihrer Zufriedenheit aufgehängt sind, dann kleben Sie die restlichen Filzherzen, so wie auf dem Foto zu sehen, in zwei waagerechten Linien auf die Wollfäden der Zapfen.

Die weißen Kerzen werden nun von der Mitte ausgehend auf der Fensterbank mit Klebewachs befestigt. In die Lücken dazwischen stellen Sie die dicken, roten Kerzen. Die ganze Fensterbank wird mit Tannengrün, Zapfen und roten Kunstäpfeln dekoriert.

Übrigens:

Achten Sie darauf, daß die Kerzen nicht direkt unter den Zapfen und Herzen stehen. Sonst könnten Sie die Dekoration möglicherweise mit dem Feuerlöscher einschneien müssen.

Transparentes Weihnachtsfenster

Sehr fröhlich oder auch festlich können Sie Ihre Fenster mit transparenter, bunter Selbstklebefolie gestalten. Dazu schneiden Sie aus der Folie weihnachtliche Motive: Herzen, Kerzen, Sterne, Tannenzweige usw. aus und kleben sie hübsch arrangiert auf das Fensterglas.

Wenn Sie künstlerisch begabt sind, können Sie auch eine farbige Rosette in der Art der Kirchenfenster aussschneiden und aufkleben. Ganz besonders schön sieht so eine Rosette aus, wenn Sie die Konturen mit schwarzer, undurchsichtiger Folie oder mit "Lassoband" überkleben.

Wenn die Weihnachtszeit vorbei ist, wird die Foliendekoration einfach abgezogen. Klebereste lassen sich mit Spiritus entfernen.

Irina Korschunow

Der kleine Flori und der Nikolaus

Der kleine Flori war vom ersten Schultag an ein ganz schlimmer Schlamper. Dauernd ließ er irgend etwas im Schulzimmer liegen, die Mütze oder seine Handschuhe, die Fibel, das Rechenbuch, die Tafel, ein Heft oder das Federmäppchen. Ja, manchmal vergaß er sogar alles miteinander und lief mit leerem Schulranzen heim. Und es kam noch schlimmer: Eines Nachmittags nämlich, als Flori die vergessene Fibel holen wollte, lag sie nicht mehr auf seiner Bank; Flori suchte und suchte, aber die Fibel war wie weggeblasen. Am nächsten Tag konnte Flori das Rechenbuch nicht finden, am übernächsten Tag war die Tafel fort. Das war kurz vor dem Nikolaustag, und die Mutter meinte: "Ich glaube, diesmal bringt der Nikolaus höchstens eine Rute." Aber das glaubte der kleine Flori auf keinen Fall. In den vergangenen Jahren war der heilige Nikolaus immer nett zu ihm gewesen, obwohl er schon damals herumgetrödelt und nie aufgeräumt hatte. Sicher würde der Nikolaus auch in diesem Jahr von der Schlamperei gemerkt haben und wieder die guten Mandellebkuchen mitbringen, die Flori so gerne aß, und die nur der Nikolaus hatte.
Ja, und dann kam er, der Nikolaus! Er pochte laut an der Tür und stapfte herein in seinem roten Mantel und mit der Bischofsmütze aus Gold. Auch einen vollen Sack hatte er dabei, und Flori schaute schon beim Beten nur auf den Sack und überlegte, an welcher Stelle wohl die Lebkuchen für ihn stecken mochten. Aber der Nikolaus machte gar keine Anstalten, Lebkuchen aus dem Sack zu holen. Er schaute den Flori mit gerunzelter Stirn an, so streng wie er noch nie ausgesehen hatte.
"Warst du auch brav, Flori?"
"Ja", sagte Flori schnell, obwohl er natürlich genau wußte, daß das nicht ganz stimmte.
"So, so", brummte der Nikolaus, "brav warst du? Und immer recht ordentlich? Und du hast nie etwas verschlampt oder vertrödelt?"
O weh! Jetzt sagte der kleine Flori gar nichts mehr. Ob der Nikolaus doch etwas wußte? Floris Herz fing laut zu klopfen an.
"Was meinst du wohl, was ich dir mitgebracht habe?", fragte der Nikolaus und griff nach seinem Sack.
"Ma-Ma-Mandellebkuchen", stotterte Flori.
Aber der Nikolaus schüttelte seinen Kopf.
"Für Mandellebkuchen war im Sack kein Platz mehr", sagte er, "weil ich doch so viele andere Dinge für dich einpacken mußte. Hier, dies zum Beispiel..."
Und was holte er aus dem Sack?
Die Fibel!
"Und dies..." Das Rechenbuch!
"Und das..." "Und das..." Die Tafel, Floris Pudelmütze, den linken Handschuh, die Bastelschere, drei Bleistifte, eine Schachtel Malkreide — eins nach dem anderen holte der Nikolaus hervor. Nur kein Paket Mandellebkuchen, nicht einmal ein einziges Stück!
"Also dann bis zum nächsten Jahr, kleiner Flori", meinte der Nikolaus freundlich. "Und wenn ich dann nicht soviel Trödelkram für dich mitbringen muß, hab' ich auch sicher Platz für Lebkuchen."
Und er stapfte wieder aus der Stube hinaus.
Ja, da stand er, der Flori, und hatte nichts, überhaupt nichts vom Nikolaus bekommen!
Eigentlich ist das eine traurige Geschichte. Aber zum Glück geht sie gut aus! Weil nämlich der heilige Nikolaus wirklich von Herzen gütig ist und weil sich der kleine Flori von diesem Tag an große Mühe gab und fast gar nichts mehr verschlampte, lag in der Woche vor Weihnachten auf einmal eine bunte Schachtel im Briefkasten. "An den kleinen Flori", stand darauf. Ihr könnt euch vielleicht schon denken, was sie enthielt! In der Schachtel waren die guten Mandellebkuchen, wie sie nur der Nikolaus hat!

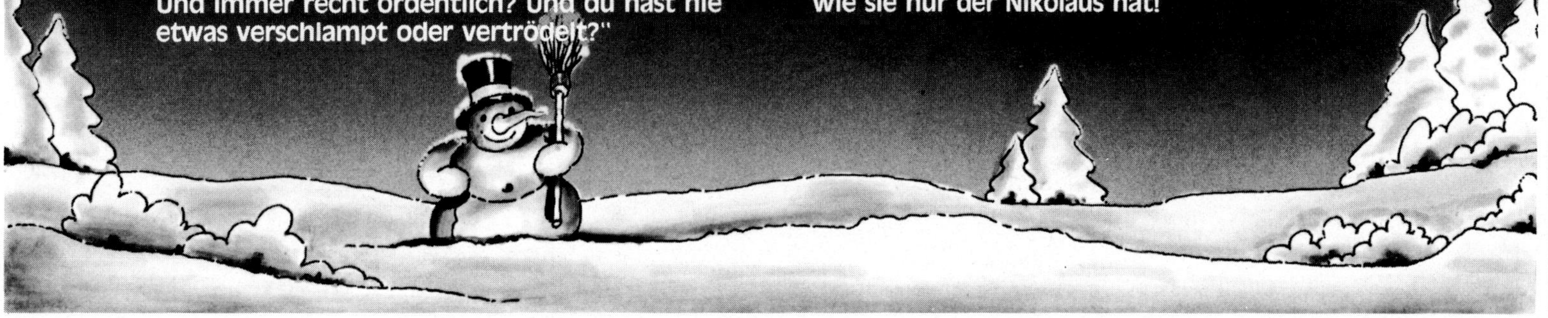

Walnußtropfen

Verstohlen schleicht er, wie süßer Duft, uns nach auf Treppen und Gängen. Ein Knacken geht durch die Winterluft, das bleibt allen im Ohr hängen.

Nüsse, mit Namen von liebem Klang, eingebacken wie in alten Zeiten. Da schlägt nicht nur das Kinderherz so selig bang, als würde das Christkind schon läuten.

Weihnachtsgebäck mit Hasel-, Walnüssen und Mandelkern essen wir alle gern.

Und unsere Walnußtropfen sind gebackene Kleinigkeiten, die an die Herzen lieber Menschen klopfen.

18+19

AUS DER BACKSTUBE

Walnußtropfen

Das braucht man:

150 g Honig
100 g Zucker
abgeriebene Schale einer Orange
4 EL Sahne
500 g gehackte Walnußkerne
1 TL gemahlenen Zimt

Zum Eintauchen:

Halbbittere Schokoladenkuvertüre

So macht man's:

1. Honig und Zucker in einen Topf geben. Unter ständigem Rühren langsam erwärmen, bis sich der Zucker vollkommen aufgelöst hat.

2. Orangenschale und Sahne hinzufügen, zu einer glatten Masse verrühren.

3. Walnußkerne und Zimt zu der Masse geben und unterheben.

4. Ein Backblech oder Tablett mit Backpapier auslegen. Papier leicht mit Fett bestreichen. Mit zwei in heißes Wasser getauchten Teelöffeln kleine Walnußtropfen auf das Papier setzen. Teelöffel zwischendurch immer wieder in heißes Wasser tauchen.

5. Walnußtropfen über Nacht trocknen lassen. Schokoladenkuvertüre auflösen. Walnußtropfen nach Belieben damit besprenkeln, zur Hälfte mit Guß überziehen oder nur den Boden der Tropfen mit Kuvertüre bepinseln.

TIP

Das gleiche Rezept kann man mit Haselnüssen nachvollziehen. Besonders attraktiv werden die Nußtropfen, wenn man sie erst mit halbbitterer Schokoladenkuvertüre überzieht und dann die Nüsse darauf festdrückt.

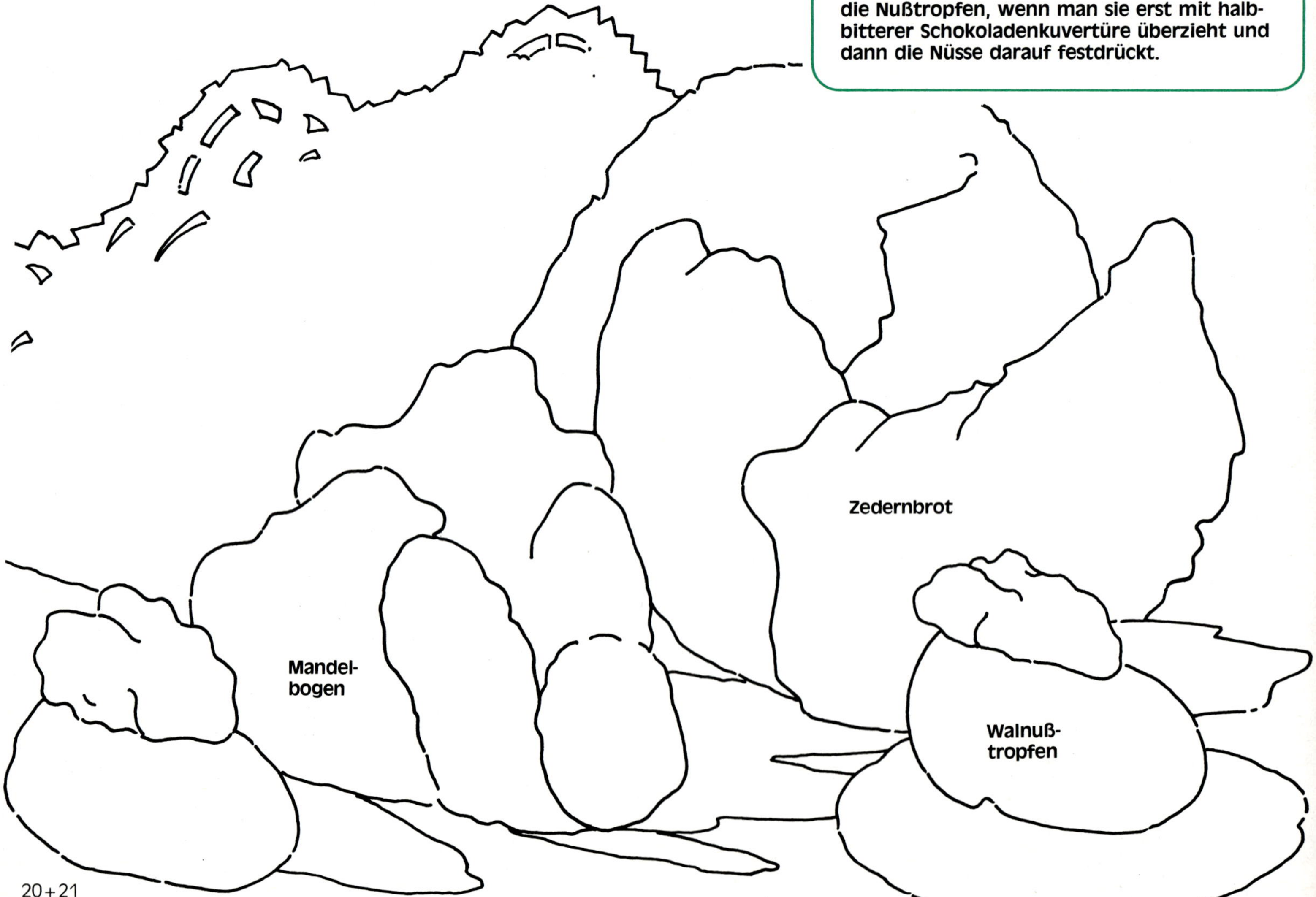

20 + 21

Mandelbogen

Das braucht man:

2 Eiweiß
75 g sehr feinen Zucker
1 Messerspitze gemahlenen Zimt
etwas abgeriebene Zitronenschale
60 g abgezogene, blättrig geschnittene Mandeln

So macht man's:

1. Eiweiß zu steifem Schnee schlagen. Nach und nach unter ständigem Schlagen Zukker, Zimt und Zitronenschale hinzufügen. Alles so lange weiterschlagen, bis ein Messerschnitt sichtbar bleibt.

2. Mandelscheiben locker unter die Eischneemasse heben.

3. Ein Backblech mit Backpapier auslegen. Jeweils einen gehäuften Teelöffel der Mandelmasse auf das Blech geben und rund oder oval auseinanderstreichen. Abstand halten, da der Teig noch auseinanderläuft.

4. Bei 175 - 200° (Gasherd Stufe 3 - 4) in 10 Minuten goldgelb backen. Der Backofen muß für dieses Gebäck vorgeheizt sein.

5. Plätzchen noch heiß vom Blech lösen und sofort über einem Rollholz zu Bogen formen.

6. Wer will, kann die Mandelbögen mit den Enden kurz in heiße Schokoladenkuvertüre tauchen. Anschließend läßt man sie auf einem Kuchengitter antrocknen.

Zedernbrot

Das braucht man:

3 Eiweiß
375 g Puderzucker
1 Päckchen Vanillezucker
2 Tropfen Bittermandelöl
1 EL Zitronensaft
abgeriebene Schale einer halben Zitrone
375 g abgezogene, gemahlene Mandeln

Zum Ausrollen:

Puderzucker

Für den Guß:

200 g Puderzucker
Zitronensaft

So macht man's:

1. Eiweiß so steif schlagen, daß ein Messerschnitt sichtbar bleibt.

2. Puderzucker sieben, mit Vanillezucker mischen und eßlöffelweise unter den Eischnee schlagen.

3. Bittermandelöl, Zitronensaft und -schale hinzufügen. 2/3 der Mandeln unter den Teig rühren.

4. Von den restlichen Mandeln nur noch so viel unter den Teig kneten, daß er kaum noch klebt. Teig soll nicht zu fest sein.

5. Mandelteig auf einer mit Puderzucker bestäubten Platte gut 1/2 cm dick ausrollen. Halbmonde ausstechen und auf ein mit Backpapier ausgelegtes Backblech legen.

6. Bei 130 - 150° (Gasherd Stufe 1 - 1 1/2) 30 - 45 Minuten backen.

7. Für den Guß Puderzucker sieben und mit so viel Zitronensaft verrühren, daß eine dickflüssige Masse entsteht. Kalte Plätzchen auf der Oberfläche damit bestreichen.

Haselnußschleier

Das braucht man:

100 g Butter
100 g sehr feinen Zucker
Saft einer Zitrone
100 g in Scheiben geschnittene Haselnußkerne
50 g Mehl

Zum Bestäuben:

Etwas Mehl

So macht man's:

1. Butter schaumig rühren, nach und nach Zucker und Zitronensaft hinzufügen. Die Masse so lange weiterrühren, bis der Zucker vollkommen gelöst ist.

2. Haselnußkerne und Mehl zugeben und unterrühren.

3. Ein Backblech mit Backpapier auslegen. Von dem Teig haselnußgroße Häufchen darauf setzen, mit einer Gabel etwas breitdrücken. Die Häufchen mindestens handbreit voneinander entfernt aufsetzen, da sie sich sehr ausbreiten.

4. Bei 175 - 200° (Gasherd Stufe 3 - 4) in etwa 10 Minuten goldgelb backen.

5. Haselnußschleier auf dem Blech lassen, bis sie nur noch lauwarm sind. Dann vorsichtig abheben und vollkommen auskühlen lassen. Sie sollten durchsichtig wie Spitze sein.

Schlicht und dekorativ verschönt der Tannenkranz mit den vier Lichtern die Vorweihnachtszeit. Ihn selbst zu binden macht Spaß und ist gar nicht schwer. Probieren Sie es ruhig mal.

Adventskranz

AUS DER BASTELSTUBE

Adventskranz

Das brauchen Sie:

Einen Strohkranz in der gewünschten Größe (Sie erhalten ihn in Ihrer Gärtnerei. Sie können diesen Kranz, der der Kern des Tannenkranzes ist, immer wieder verwenden. Sie müssen dann nur nach der Weihnachtszeit das Tannengrün entfernen und den Strohkranz trocken aufbewahren). Blumendraht auf der Rolle; starken Blumendraht zum Befestigen der Kerzen; Tannengrün; grünes Kranzband (aus der Gärtnerei); Kerzen; Äpfelchen; Zapfen; Bänder und Schleifen und sonstiges Dekorationsmaterial. Eine feste Garten- oder Haushaltsschere.

Einen Adventskranz selber zu binden und zu dekorieren, ist gar nicht schwer. Man muß nur wissen, wie es gemacht wird.

Ausführung:

Schneiden Sie das Tannengrün in kleine Zweiglein; dabei darauf achten, daß immer schöne Spitzen an den Zweiglein bleiben. Den Strohkranz mit dem grünen Band umwickeln. Das ist besonders dann nützlich, wenn der Kranz nicht gleichmäßig gebunden wird. So kann das Stroh nicht durchschimmern.

Legen Sie nun eine erste Reihe Tannenzweige auf den Kranz und wickeln Sie eine Runde Blumendraht darum. Die Zweigschnittstellen und der Draht werden nun mit einer nächsten Runde Zweiglein überdeckt und mit Draht fixiert. Der Blumendraht läuft wie ein Faden spiralenförmig immer rings um den Kranz und wird stets von der nächsten Runde Zweige überdeckt.

Wenn Sie am Ende angelangt sind, stecken Sie die Schnittstellen der letzten Zweige unter die Spitzen der ersten Runde und befestigen den Draht möglichst unsichtbar. Sollte der Kranz jetzt Kahlstellen zeigen, dann stecken Sie dort noch kleine Tannenzweige in den Blumendraht. Stehen Zweige zu weit oder ungleichmäßig ab, dann müssen sie vorsichtig beschnitten werden. Lassen sich häßliche Schnittstellen nicht verdecken, dann bepinseln Sie sie mit etwas grüner Farbe, oder versuchen Sie, sie unter der Dekoration verschwinden zu lassen.
Die Dekorationsteile, die auf den Kranz sollen, werden mit Blumendraht versehen und fest in den Strohkranz gesteckt. Für die Kerzen schneiden Sie starken Draht in 10 cm lange Stücke und stecken 1 — 3 Drähte in den Kerzenboden. Wenn der Draht etwas erwärmt wird, geht's ganz leicht. Sitzen die Drähte gut in den Kerzen fest, stecken Sie diese auf den Kranz.
Nach Wunsch werden dann die Bänder und Schleifen zum Aufhängen des Kranzes festgebunden.

Übrigens:

Soll der Kranz nicht aufgehängt werden, sondern auf einem Teller liegen, dann genügt es, nur die sichtbaren Stellen mit Tannengrün zu umwickeln.
Ihr Tannenkranz hält sich länger frisch und verliert nicht so schnell die Nadeln, wenn Sie ihn mit Haarspray übersprühen.

Der Adventskranz

Advent ohne Adventskranz ist kaum mehr denkbar. Selbst die Geschäfte und Kaufhäuser haben ihn übernommen, in Bahnhofshallen und öffentlichen Sälen ist er zu finden. Und doch ist dieser Brauch wahrscheinlich noch nicht sehr alt. Zwar gibt es Theorien, die in ihm das Sonnenrad der Germanen sehen wollen oder eine winterliche Spielart des Kranzes auf dem Maibaum. Zweifellos ist jedoch der Adventskranz viel jünger als der Christbaum, wenigstens in der uns heute bekannten Form. Er dürfte erst kurz vor 1900 üblich geworden sein. Es wird behauptet, sein "Erfinder" sei Johann Hinrich Wichern, der Begründer des "Rauhen Hauses" und geistige Vater der "Inneren Mission". Der evangelische Theologe beschreibt in seinem Buch "Herr Hobelmann" einen mit viel Tannengrün geschmückten großen Kronleuchter, den ein Lehrer in der Schulstube aufhängte. Der Kranz war mit 24 Kerzen versehen, für jeden Tag im Dezember eine. Kränze gab es damals sicher schon. Der Gedanke mit den Kerzen war vielleicht neu. Da aber ein Adventskranz mit 24 Kerzen schon erhebliche Ausmaße haben muß, dürfte wohl rasch die Verminderung auf vier Kerzen erfolgt sein.
Man darf diese Geschichte dahingestellt sein lassen, zumal der Brauch, an jedem Tag eine Kerze zu entzünden, damals nicht nur "Hobelmann" bekannt war, sondern auch in anderen Berichten erwähnt wird. Ziemlich sicher scheint es zu sein, daß der Adventskranz zunächst in Norddeutschland üblich war. Einen anderen möglichen Ursprung mag man in den in Thüringen üblichen "Reifbäumen" sehen. Mehrere Reifen, die mit Moos, Gerank und Papierstreifen umwickelt waren, wurden pyramidenförmig um eine Mittelachse befestigt. Vorläufer des Christbaumes darin zu sehen, weil er später auch mit Glaskugeln und Gebäck geschmückt wurde, ist rein zeitlich nicht denkbar. Es erscheint wirklich müßig, in jeder Kranzform einen Ursprung des Adventskranzes zu vermuten; denn es geht nicht um den Kranz. Der Kranz kommt so häufig vor wie der Kreis. Wesentlich sind das Licht und auch bis zu einem gewissen Grad, die immergrünen Zweige. Einen solchen Kranz kann jede Familie leicht selbst binden, wie dieses Kapitel zeigt. In Niederösterreich gibt es da und dort noch den Adventskranz mit 24 Kerzen; das Kind, das am jeweiligen Tag das bravste war, darf die Kerze anbrennen.
Auch die japanische Kunst des Ikebana hat sich des Adventskranzes angenommen. Solange es bei den vier Kerzen bleibt und nicht zur reinen Dekoration wird, ist das sicher auch eine Möglichkeit. Aber zurück zu den Kerzen.
Jeden Sonntag leuchtet eine Kerze näher heran an den Heiligen Abend. Wenn die erste Kerze entzündet wird, bleibt der Raum noch im Dunkel, nur dies eine Licht symbolisiert die aufkeimende Hoffnung auf die Erlösung. Das Dunkel erinnert an die Zeit, in der die Menschheit lebte, bevor Christus kam, sie zu erlösen, das Licht aber symbolisiert die Verheißung auf den Retter.
Der Schein der zwei Kerzen zeigt dann, daß es langsam heller zu werden versprach, als die Patriarchen Abraham, Isaak und Jakob den Erlöser verdeuteten. Die drei Kerzen mahnen an die Zeit der Propheten, die mit deutlichen Worten Christus ankündigten. Alle vier Kerzen kündigten aber die Fülle der Zeit an, in der Jesus geboren werden sollte. Die Kirche unterscheidet deshalb zwischen drei Adventswochen und sieben Tagen "Hoher Advent". Beim Entzünden der Kerzen an den Adventssonntagen kann man zwischen zwei Adventsliedern an diese Vorbereitungszeit erinnern. Zugleich sollten solche kleinen Feiern, die die Familie zusammenführen, Anlaß werden, das auszuräumen, was sich im Laufe des Jahres an Ärger und Mißverständnis in der Familie oder zwischen Nachbarn angesammelt hat.

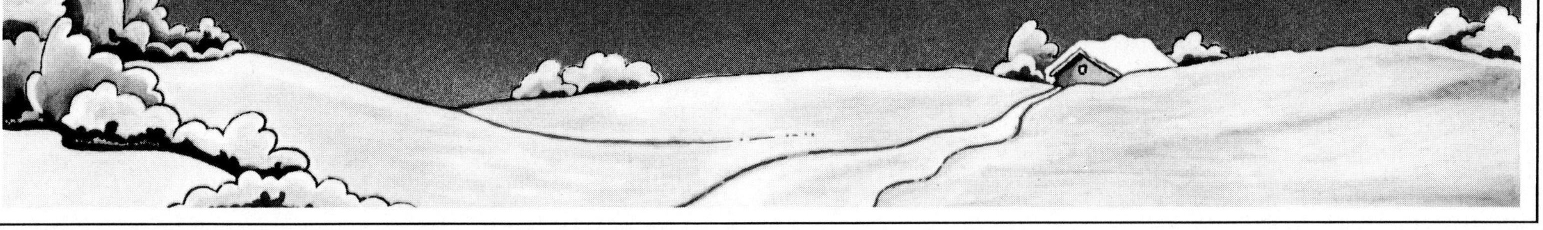

Gewürzschnitten mit Rumglasur

Du schöner Advent, mit Gewürzen beglückt, wie lieblich und labend, dein Hauch mich entzückt.

So verlockend und betörend, so fremdländisch und seit der Kindheit vertraut, sind gerade die Aromen, auf die man jetzt baut.

Ob Ingwer und Nelken, ob Kardamom oder Zimt, sie alle sind jetzt für das Eine bestimmt:

Dem Backwerk zu geben, was Seele und Geist in unserem Rezept Gewürzschnitten mit Rumglasur heißt.

26 + 27

AUS DER BACKSTUBE

Gewürzschnitten mit Rumglasur

Das braucht man:

250 g Puderzucker
2 Eier
1 Prise Salz
1/2 TL gemahlenen Zimt
1/4 TL gemahlene Nelken
1/4 TL gemahlenen Ingwer
abgeriebene Schale einer halben Zitrone
abgeriebene Schale einer halben Orange
250 g abgezogene, grob gehackte Mandeln
25 g gewürfeltes Zitronat
50 g gewürfeltes Orangeat
300 g Mehl
1/2 TL Backpulver

Zum Bestreichen:

1 Eigelb
2 EL Milch

Für den Guß:

Etwa 200 g Puderzucker
2 — 3 EL Rum

So macht man's:

1. Zucker und Eier zu einer schaumigen Creme schlagen. Salz, Zimt, Nelken, Ingwer, Zitronen- und Orangenschalen hinzufügen und kurz unterrühren.

2. Mandeln, Zitronat und Orangeat mischen und ebenfalls unter die Eier-Zuckermasse ziehen.

3. Mehl und Backpulver mischen. Ein Teil des Mehles unter den Teig rühren. Restliches Mehl unterkneten. Es muß ein sehr fester Teig entstehen, evt. noch etwas Mehl hinzufügen. Teig gut verpackt einige Zeit kühl stellen.

4. Teig nochmals kurz durchkneten und zu einer Rolle von etwa 5 cm Durchmesser formen. Auf gefettetes Backpapier legen. Rolle mit einem Holzbrettchen oder einem langen breiten Messer flachdrücken.

5. Eigelb und Milch verquirlen und die Rolle gleichmäßig damit bestreichen.

6. Bei 175 - 200° (Gasherd Stufe 3 - 4) in der Mitte des Backofens etwa 25 Minuten backen.

7. Gewürzrolle etwas abkühlen lassen und auf einem Holzbrettchen in etwa 1/2 bis 1 cm dicke Scheiben schneiden.

8. Für den Guß Puderzucker sieben und mit Rum zu einer dickflüssigen Masse verrühren. Schnitten dick damit überziehen. Nach Belieben eine ganze abgezogene Mandel in den Guß drücken.

Anisplätzchen

Das braucht man:

3 Eier
275 g Puderzucker
1 Päckchen Vanillezucker
200 g Mehl
100 g Speisestärke
1 gehäuften TL gemahlenen Anis
etwas Zitronensaft

So macht man's:

1. Eier, Puderzucker und Vanillezucker im leicht erwärmten Wasserbad schaumig schlagen.

2. Mehl, Speisestärke und Anis mischen und eßlöffelweise unter die Eiermasse ziehen. Ein paar Tropfen Zitronensaft hinzufügen.

3. Sehr weichen Teig in einen Spritzbeutel mit glatter Tülle füllen und damit Tupfen auf ein gefettetes Backblech spritzen. Oder mit einem Teelöffel Häufchen auf das Backblech setzen.

4. Plätzchen auf dem Blech über Nacht an einem warmen Ort ruhen lassen, damit sich ein Häutchen bildet. Erst dann backen.

5. Bei 150° (Gasherd Stufe 1) in der Mitte des Backofens etwa 20 Minuten backen.

Zimtstangen

Das braucht man:

Für den Teig:

250 g Mehl
75 g Zucker
1 Päcken Vanillezucker
1/2 Fläschchen Rum-Aroma
1 EL gemahlenen Zimt
1 Eigelb
125 g Butter

Zum Bestreichen:

1 Eiweiß

Zum Bestreuen:

Zucker
gemahlenen Zimt
abgezogene, gehackte Mandeln

So macht man's:

1. Mehl auf die Tischplatte sieben, in die Mitte eine Vertiefung drücken. Zucker, Vanillezucker, Rum-Aroma, Zimt und Eigelb hineingeben. Mit einem Teil des Mehls zu einem dicken Brei verarbeiten.

2. Darauf die in Stücke geschnittene kalte Butter geben, mit etwas Mehl vom Rand bestreuen und dann alle Zutaten schnell zu einem glatten Teig verkneten. Teig gut verpackt einige Zeit kühl stellen.

3. Teig nochmals kurz durchkneten und in kleinen Portionen auf einer mit Mehl bestäubten Platte dünn ausrollen. Mit einem Teigrädchen Streifen von etwa 2 x 6 cm ausschneiden. Auf ein gefettetes Backblech legen.

4. Eiweiß fast steif schlagen und die Stangen damit bestreichen.

5. Zucker, Zimt und Mandeln mischen und über die Eiweißmasse streuen.

6. Bei 175 - 200° (Gasherd Stufe 3 - 4) in der Mitte des Backofens etwa 10 Minuten backen.

Sollte das Eiweiß zum Bestreichen der Stangen nicht ausreichen, restliche Plätzchen mit Milch bestreichen und dann bestreuen.

Pfefferkuchen mit Safran

Das braucht man:

100 g Butter
65 g Zucker
65 g geriebene Mandeln
125 g Mehl
1 gestrichenen TL Backpulver
1/2 TL gemahlenen Zimt
1 Messerspitze gemahlene Nelken
1 Messerspitze gemahlenen Ingwer
1 Messerspitze Safran
1 EL Rum

Zum Bestreichen:

1 Eiweiß

Zum Bestreuen:

Hagelzucker
gehackte Mandeln

So macht man's:

1. Butter schaumig rühren. Nach und nach Zucker und Mandeln unterrühren.

2. Mehl, Backpulver, Zimt, Nelken und Ingwer mischen. Abwechselnd mit dem in Rum aufgelösten Safran zu der Butter-Zuckermasse geben.

3. Restliches Mehl unter den Teig kneten. Es muß eine glatte Masse entstehen. Teig einige Zeit an einem kühlen Ort ruhen lassen.

4. Teig auf einer mit Mehl bestäubten Platte 1/2 cm dick ausrollen, zu runden oder rechteckigen Plätzchen ausstechen. Auf ein gefettetes Backblech legen.

5. Eiweiß gut verschlagen, Plätzchen damit bestreichen und mit Hagelzucker und gehackten Mandeln bestreuen.

6. Bei 175 - 200° (Gasherd Stufe 3 - 4) in der Mitte des Backofens etwa 15 Minuten backen.

Nach Belieben die Pfefferkuchen auch mit halbierten, abgezogenen Mandeln belegen oder nur mit Buntzucker bestreuen.

TIP

Zitronen- oder Orangenschalen soll man vor dem Reiben reinigen. Waschen hilft nicht. Ein Tuch oder Küchenkrepp mit etwas Speiseöl betupfen und damit die Schale der Zitrusfrüchte gründlich abreiben.

Hier wohnen "Weihnachtsmenschen". Sogar das Türschild ist weihnachtlich verziert; wer hier eintritt, weiß, daß er willkommen ist bei Kerzenschein und zu einem gemütlichen Plausch.

Weihnachtstür

Anschütz

AUS DER BASTELSTUBE

Weihnachtstür

Das brauchen Sie:

Tannenzweige; Blumendraht; rotes Geschenkband oder Taftband; Ilex; kleine rote Weihnachtskugeln; Modelliermasse (Fimo, Ceramica, Ton oder ähnliches); Drahtring für den Ilexkranz; dicke Schnur für die Girlande.

Werkzeug:

Gartenschere

Girlande:

Ausführung:

Legen Sie sich eine Schnur zurecht, die so lang ist, wie Ihre Girlande werden soll. Schneiden Sie Tannenzweige so klein, daß Sie sie, ähnlich wie beim Adventskranz, binden können. Binden Sie nun die Zweiglein mit Blumendraht, beginnend an einem Ende, an die Schnur, so daß eine weiche Girlande entsteht. Um die fertige Girlande wird nun das rote Band spiralförmig gewickelt und an beiden Enden angebunden. Befestigen Sie in den oberen Ecken Ihres Türrahmens Haken. Die Girlande wird mit rotem Band an diesen Haken aufgehängt. Wer mag, kann in die Ecken noch Strohsterne, Zapfen und Bänder zur Dekoration hängen.

Ilex Kranz:

Besorgen Sie sich schön glänzende Ilexzweige, schneiden Sie sie so zurecht, daß Sie sie auf dem Drahtring zu einem flachen Kranz binden können. Zwischen die Blätter werden dann die kleinen roten Glaskügelchen in unregelmäßigen Abständen eingebunden. Der Kranz wird in der Türmitte an einem Haken aufgehängt und mit Bändern und Kugeln, wie das Foto es zeigt, verziert.

Türschild:

Formen Sie aus einer beliebigen Masse einen Nikolaus. Das Schnittschema zeigt einen Vorschlag. Sie können auch Sterne, Engel oder andere Weihnachtsmotive basteln. Die Figuren sollten so groß sein, daß Ihr Namensschild verdeckt wird, die Klingel aber noch sichtbar bleibt. Schreiben Sie Ihren Namen mit wasserfestem Stift auf die bemalte Figur. Befestigen Sie das Ganze mit doppelseitigem Klebeband.

Übrigens:

Vergessen Sie nicht, am 4. Dezember Barbarazweige zu schneiden und in die Vase zu stellen. Es ist ein alter Brauch, am Tag der heiligen Barbara Apfelzweige zu schneiden, am 24. Dezember werden diese Zweige dann in voller Blüte stehen.

Macht hoch die Tür

Macht hoch die Tür, die Tor macht weit!
Es kommt der Herr der Herrlichkeit,
Ein König aller Königreich,
Ein Heiland aller Welt zugleich,
Der Heil und Segen mit sich bringt;
Derhalben jauchzt, mit Freuden singt:
Gelobet sei mein Gott, mein Schöpfer reich von Rat!

Er ist gerecht, ein Helfer wert,
Sanftmütigkeit ist sein Gefährt,
Sein' Königskron' ist Heiligkeit,
Sein Zepter ist Barmherzigkeit;
All unser Not zum End' er bringt,
Derhalben jauchzt, mit Freuden singt:
Gelobet sei mein Gott, mein Heiland groß von Tat!

O wohl dem Land, o wohl der Stadt,
So diesen König bei sich hat!
Wohl allen Herzen insgemein,
Da dieser König ziehet ein!
Er ist die rechte Freudensonn',
Bringt mit sich lauter Freud und Wonn'
Gelobet sei mein Gott, mein Tröster früh und spat!

Macht hoch die Tür, die Tor' macht weit
Eu'r Herz zum Tempel zubereit't
Die Zweiglein der Gottseligkeit
Steckt auf mit Andacht, Lust und Freud;
So kommt der König auch zu euch,
Ja Heil und Leben mit zugleich.
Gelobet sei mein Gott, voll Rat, voll Tat, voll Gnad!

Komm, o mein Heiland, Jesu Christ,
Mein's Herzens Tür dir offen ist;
Ach zeuch mit deiner Gnaden ein,
Dein' Freundlichkeit auch uns erschein'.
Dein heil'ger Geist uns führ' und leit'
Den Weg zur ew'gen Seligkeit.
Dem Namen dein, o Herr, sei ewig Preis und Ehr!

Georg Weissel

Früchtestollen

Könnte er sprechen! Die holden Familiengeschichten, wie im Märchen erwebt. Was wir uns alles erst erdichten, hat er längst wirklich erlebt.
Da stehn Menschen auf den Straßen und schauen wunderlich und fremd zu uns herein.
Als ob sie der Hoffnung nicht recht trauen: Wir haben ein Herz und laden sie ein.

Das Backen von Stollen, ist Sollen und Wollen zugleich.
Jeder bäckt seinen Stollen,
ob er arm ist, oder reich.
Der Stollenrezepte sind viele, doch keines ist gleich, mit unserem Rezept vom Früchtestollen ist das Nachmachen wirklich leicht.

AUS DER BACKSTUBE

Früchtestollen

Das braucht man: Für den Teig:

750 g Mehl
2 Päckchen Trockenbackhefe
125 g Zucker
1 Päckchen Vanillezucker
etwas Salz
2 Fläschchen Rum-Aroma
1/2 Fläschchen Bittermandelöl
1/2 TL gemahlenen Kardamom
1/2 TL gemahlene Muskatblüte
1 TL gemahlenen Zimt
abgeriebene Schale einer halben Zitrone
0,2 l lauwarme Milch
250 g zerlassene, wieder abgekühlte Butter oder Margarine
375 g gewaschene Korinthen
50 g gewürfeltes Zitronat
50 g gewürfeltes Orangeat
150 g abgezogene gemahlene Mandeln

Zum Bestreichen:

100 g zerlassene Butter

Zum Bestreuen:

Puderzucker

So macht man's:

1. 2/3 des Mehls in eine große Schüssel sieben und mit der Trockenhefe mischen. In die Mitte eine Vertiefung drücken.

2. Zucker, Vanillezucker, Salz, Aromen, Gewürze und Zitronenschale hineingeben. Alles von der Mitte aus mit den Knethaken eines elektrischen Handquirls verarbeiten. Dabei nach und nach Milch und flüssige Butter oder Margarine hinzufügen. Den Teig so lange weiterschlagen, bis er Blasen wirft.

3. Restliches Mehl unterkneten und den Teig so lange weiterkneten, bis er glatt und glänzend ist.

4. Gut abgetropfte, auf Küchenkrepp trokkengetupfte Rosinen und Korinthen sowie Zitronat, Orangeat und Mandeln unter den Teig arbeiten. Teig an einem warmen Platz so lange stehen lassen, bis er etwa doppelt so hoch ist.

5. Nochmals durchkneten, zu einem Stollen formen und auf ein mit Backpapier ausgelegtes Backblech legen. So lange stehen lassen, bis er sich etwa um die Hälfte vergrößert hat.

6. Bei 160 - 180° (Gasherd Stufe 2 — 3) in der mittleren Schiene des Backofens gut 60 Minuten backen.

7. Stollen sofort nach dem Backen mit Butter bestreichen und dick mit Puderzucker bestreuen.

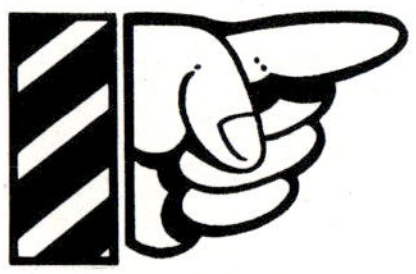

TIP

Den Früchtestollen nach dem Auskühlen in Alufolie verpacken, gut verschließen und an einem kühlen Platz gut 3 Wochen ruhen lassen.

Quarkstollen

Das braucht man:

500 g Mehl
1 Päckchen Backpulver
125 g Zucker
1 Päckchen Vanillezucker
2 Eier
175 g Butter
250 g Magerquark
1 Prise Salz
1 Fläschchen Rum-Aroma
1/2 Fläschchen Bittermandel-Aroma
1/2 TL gemahlenen Zimt
150 g abgezogene gemahlene Mandeln
250 g in Rum getränkte Rosinen

Zum Bestreichen:

60 g weiche Butter

Zum Bestreuen:

Puderzucker
1 Päckchen Vanillezucker

So macht man's:

1. Mehl und Backpulver mischen und auf eine Arbeitsfläche sieben.

2. In die Mitte eine Vertiefung drücken, Zukker, Vanillezucker und Eier hineingeben.

3. Mit einem Teil des Mehls zu einem dicken Brei verarbeiten.

4. Darauf die in Stücke geschnittene Butter, Quark, Salz, Aromen, Gewürz, Mandeln und gut abgetropfte Rosinen geben.

5. Alles von der Mitte aus zu einem glatten Teig verarbeiten.

6. Teig zu einem Stollen formen und auf ein mit gefetteter Alufolie oder Backpapier ausgelegtes Backblech legen.

7. Backofen auf 250° (Gasherd: Stufe 6) vorheizen, den Stollen auf die mittlere Schiene schieben und bei 175° (Gasherd: Stufe 2) ca. 50 - 60 Minuten backen.

8. Nach dem Backen sofort mit der Butter bestreichen und mit Puderzucker und Vanillezucker dick bestreuen.

O Tannenbaum

O Tannenbaum, o Tannenbaum,
Du kannst mir sehr gefallen!
Wie oft hat nicht zur Winterszeit
Ein Baum von dir mich hoch erfreut!
O Tannenbaum, o Tannenbaum,
Du kannst mir sehr gefallen!

O Tannenbaum, o Tannenbaum,
Dein Kleid will mich was lehren:
Die Hoffnung und Beständigkeit
Gibt Trost und Kraft zu jeder Zeit,
O Tannenbaum, o Tannenbaum,
Dein Kleid will mich was lehren.

Weihnachtsgrüße

Weihnachtsgrüße aus der eigenen Werkstatt zeigen dem Empfänger, daß Sie liebevoll an ihn gedacht haben. Es ist ganz einfach, diese Vorschläge nachzuarbeiten oder nach eigenen Ideen abzuwandeln.

38 + 39

AUS DER BASTELSTUBE

Weihnachtsgrüße

Tannenbäumchen aus Thujazweigen

Zunächst aus farbigem Fotokarton Faltkarten zuschneiden. Zweigspitzen von Thujen abschneiden und wenn nötig, in die richtige Form zupfen. Fotokarton auf der Vorderseite mit "Modpodge" einstreichen, den Zweig darauflegen und nochmals mit "Modpodge" satt bestreichen. Trocknen lassen. Wenn die Farben wieder klar sind und das "Bäumchen" fest auf dem Grund klebt und versiegelt ist, mit "Glitter paint" in Rot Punkte als Weihnachtskugeln ins Bäumchen malen und einen Strich in Glitzerfarbe um den Rand ziehen.

Seidenmalerei-Laterne

Für alle, die sich mit Seidenmalerei beschäftigen, ist dies eine besonders attraktive Karte. Schneiden Sie die Karte nach dem Schnittmuster zu und kleben Ihr Seidenbild in passender Größe und mit dem gewünschten Motiv hinter die Öffnung. Jetzt die beiden Seitenflügel nach innen falten. Die Karte kann aufgestellt werden; hübsch sieht es aus, wenn man ein Teelicht dahinter stellt. Der Rand der Karte wird mit Glitzerfarbe verziert. (Zeichnung siehe Seite 214)

Häkelstern-Karte

Aus feinem Garn wird ein Stern frei nach Gefühl gehäkelt. Er wird auf die vorbereitete Silberfaltkarte aufgeklebt und mit bunten Pailletten verziert. Das Sternchen kann später von der Karte gelöst werden und findet Verwendung als Untersetzer oder "Klapperdeckchen" im Geschirrschrank. Auch auf anderen Karten sieht so ein Häkelstern gut aus.

Weihnachts-Schleife

Originell ist dieser Weihnachtsgruß. Binden Sie aus Geschenkband eine Schleife und kleben je nach Textlänge noch ein paar zusätzliche Bänder an. Die Schleife dann mit "Glitter paint" beschriften und verzieren, nach dem Trocknen einfach so, ohne etwas anderes, in den Umschlag stecken. (Zeichnung siehe Seite 214)

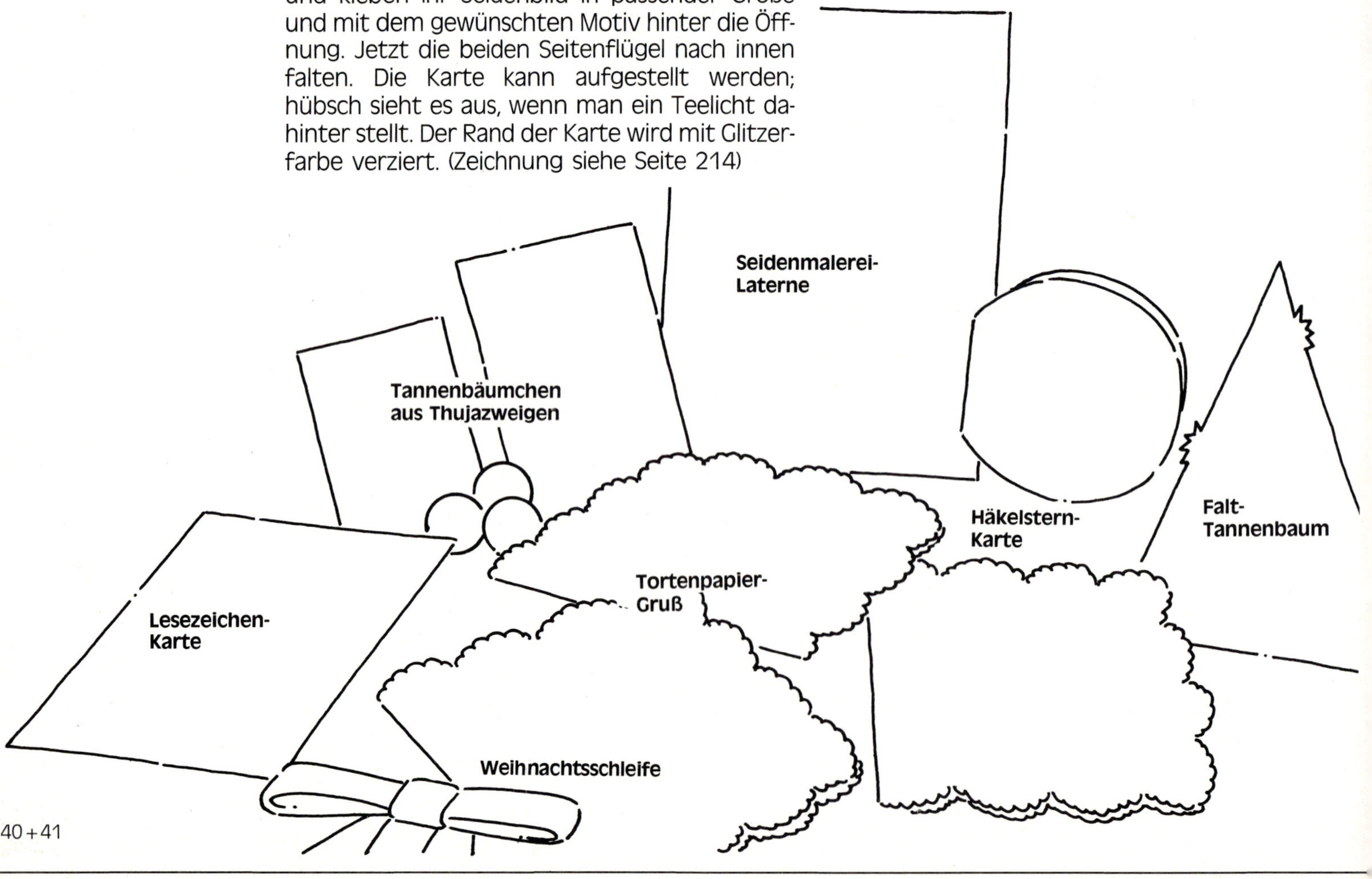

Lesezeichen-Karte

Wer gerne stickt, hat rasch auf Stramin ein Lesezeichen gearbeitet; zum Sticken eignet sich "Taubenzephir" von MEZ oder ein Wollrest. Schneiden Sie eine Faltkarte aus Fotokarton zu, in die Sie die entsprechenden Schlitze für das Lesezeichen schneiden. Die Kartenränder bekommen durch Glitzerfarbe festlichen Glanz. (Zeichnung siehe Seite 214)

Tortenpapier-Gruß

Einfach und schnell ist diese Karte gebastelt. Tortenpapier für rechteckige Kuchen wird auf die Hälfte gefaltet und am Spitzenrand mit Goldspray übersprüht. Dann ein passendes weißes Blatt Papier zuschneiden und außen aufkleben. Darauf kommt dann noch ein vergoldetes Papiersternchen, das im Faltschnitt hergestellt wurde.

Falt-Tannenbaum

Beidseitig glänzende Goldfolie so zuschneiden, wie die Schnittzeichnung es zeigt. Den Baum an den Bruchstellen zusammenfalten und auf der Vorderseite reichlich mit Pailletten bekleben. Der Weihnachtsgruß wird innen mit Filzschreiber aufgeschrieben. Der fertige Baum kann auseinandergefaltet und aufgestellt werden.

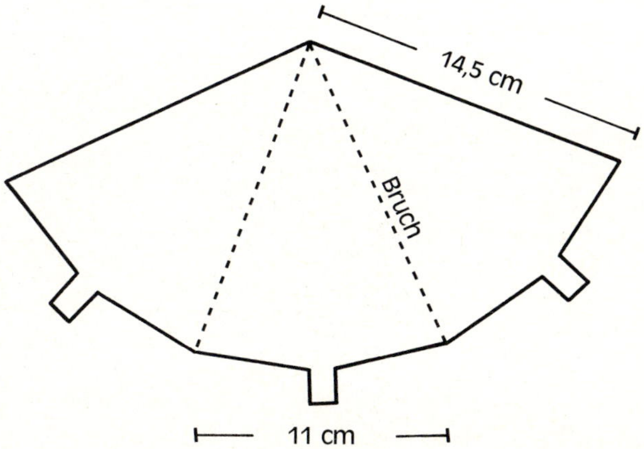

Laßt uns froh und munter sein

Laßt uns froh und munter sein
und uns in dem Herrn erfreun.
Lustig, lustig, traleralera,
bald ist Nikolausabend da,
bald ist Nikolausabend da.

Dann stell ich den Teller auf,
Niklaus legt gewiß was drauf.

Wenn ich schlaf', dann träume ich:
Jetzt bringt Niklas was für mich.

Wenn ich aufgestanden bin,
Lauf' ich schnell zum Teller hin.

Niklaus ist ein guter Mann,
Dem man nicht g'nug danken kann.

Bratäpfel

Vor meinem Fenster, die kahlen Bäume sind über und über mit Schnee bedeckt.
Wo sind die Äpfel, die sich im Sommer so listig vor meinem Zugriff versteckt?
Sie brutzeln und zischen im Bratrohr.
Sie verströmen einen gewaltigen Duft, ein bisserl vorweihnachtliche Luft.

Und sind sie dann auf dem Teller, mit ihren roten Backen, wie in einem Kindergesicht, dann strahlen sie fast wie ein Weihnachtslicht.
Und das ist die frohe Botschaft, ist eine Enthüllung:
BRATÄPFEL MIT MARZIPANFÜLLUNG:

42 + 43

AUS DER BACKSTUBE

Bratäpfel

Das braucht man:

4 große aromatische Äpfel z.B. Boskop

Für die Füllung:

100 g Marzipan-Rohmasse
2 — 3 EL Rum
2 EL Sahne
2 TL Rum-Rosinen

Zum Belegen:

Butter

Als Beilage:

1/4 l Sahne
1 Päckchen Vanillezucker

So macht man's:

1. Äpfel waschen, abtrocknen und das Kerngehäuse entfernen. Dabei die Äpfel nicht ganz durchstechen.

2. Marzipan-Rohmasse, Rum und Sahne zu einer glatten Masse verrühren. Rosinen unterheben. Äpfel damit füllen und jeweils mit einer Butterlocke belegen.

3. Nebeneinander in eine mit Butter ausgestrichene feuerfeste Form setzen und im vorgeheizten Backofen bei 200 - 225° (Gasherd Stufe 4 - 5) etwa 30 Minuten braten. Bratäpfel müssen durch und durch weich sein, sonst schmecken sie nicht. Mit einem Backhölzchen die Garprobe machen.

4. Sahne nicht ganz steif schlagen und mit Vanillezucker abschmecken.

5. Fertige Bratäpfel auf Portionsteller verteilen und den Bratensatz, der sich gebildet hat, darüber geben. Sahne getrennt dazu reichen.

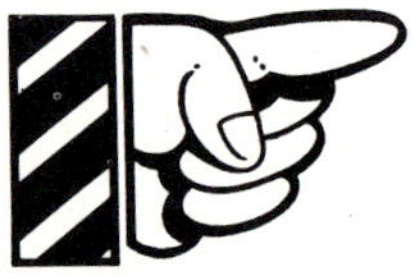

TIP

Man kann an Stelle der Sahne auch heiße Vanille-Sauce zu den Bratäpfeln reichen, die man entweder selbst herstellt oder als Fertigprodukt nach Vorschrift zubereitet.

Eis-Äpfel

Das braucht man:

4 gleichgroße Äpfel
Saft einer Zitrone
50 g gestiftelte Mandeln
1 EL Butter
3 EL Zucker
1 EL Butter
1/4 Tasse Weißwein
1/4 Tasse Sahne
1/2 Haushaltspackung Vanilleeiskrem

So macht man's:

1. Die Äpfel schälen, entkernen, mit dem Zitronensaft beträufeln.

2. Die Mandelstifte rund um das Apfelgehäuse spicken.

3. In eine mit der Butter gefettete Auflaufform setzen.

4. Den Zucker in einem Topf hellbraun schmelzen, die restliche Butter unterrühren und mit dem Zucker karamelisieren lassen.

5. Den Weißwein und die Sahne hinzugießen und einkochen lassen. Die Soße über die Äpfel geben.

6. Anschließend zugedeckt im vorgeheizten Backofen bei 220 Grad (Gasherd Stufe 4) 30 bis 35 Minuten garen lassen.

7. Die Früchte auf einer Platte anrichten.

8. Das Eis in 4 Portionen teilen, auf die Früchte geben und mit der Karamelsoße übergießen.

Schneeflöckchen, Weißröckchen

Schneeflöckchen, Weißröckchen,
Da kommst du geschneit;
Du kommst aus den Wolken,
Dein Weg ist so weit.

Komm, setz dich ans Fenster,
Du lieblicher Stern;
Malst Blumen und Blätter,
Wir haben dich gern.

Schneeflöckchen, du deckst uns
Die Blümelein zu,
Dann schlafen sie sicher
In himmlischer Ruh'.

Wenn die "Grossen" auch nicht mehr zitternd auf den Nikolaus warten, so freuen sie sich doch, wenn am 6. Dezember für sie ein selbstgemachter, wohlgefüllter Nikolausstrumpf am Kamin hängt.

Nikolausstrümpfe

TRIN

AUS DER BASTELSTUBE

Nikolausstrümpfe

Das brauchen Sie:

Weißen Filz, 50 x 120 cm; Plusterfarbe (Puff paint) hellblau, dunkelblau, hellgelb, dunkelgelb, hellgrün, dunkelgrün, rosé, pink.

Werkzeug:

Zackenschere; Pinsel; Bügeleisen.

Filz-Stiefel

(Abbildung siehe Seite 215)

Ausführung:

Nach Schnitt die Stiefelform mit der Zackenschere 2 mal zuschneiden (ohne Nahtzugabe). Aus Filzresten nach Lust und Geschmack Sterne, Herzen, Streifen ebenfalls gezackt ausschneiden und auf die Stiefelteile aufkleben. Dann die beiden Teile mit der Plusterfarbe bemalen. Die Farbe 3 — 4 mal auftragen, dann wird das Muster hinterher ganz dick und plastisch. Wenn die Farben gut getrocknet sind, die Stiefelteile mit der bemalten Seite nach unten auf ein dickes Frotteetuch legen und den Filz von links mit leichtem Druck bügeln. Nach kurzer Zeit plustert sich die Farbe auf. Der Vorgang ist beendet, wenn die Farbe 1 — 2 Töne heller aussieht und ganz dick, frotteeartig, geworden ist.

Fertigstellung:

1,5 cm vom Rand entfernt die beiden Stiefelteile zusammensteppen, obere Öffnung offen lassen, Aufhänger aus Filz annähen.

Das brauchen Sie:

"Nomotta" Extra: 200 g weiß, 50 g rot, 100 g blau; "Nomotta" Capriccio: 40 g gold; Häkelnadel Nr. 3 und 5
Muster: feste Maschen, Luftmaschen, Krebsmaschen (= f. M. von rechts nach links gehäkelt)

Gehäkelter Nikolausstrumpf

(Abbildung siehe Seite 215)

Ausführung:

Der Strumpf wird mit 40 Luftmaschen in Weiß an der Sohle begonnen und in Runden mit festen Maschen gehäkelt, dabei wird vorne und hinten zugenommen (aus 1 Masche 3 Maschen häkeln). Wenn die Sohle circa 30 cm lang ist, wird in Blau ohne Zunahme 2,5 cm hoch gehäkelt. Dann in Runden in Weiß 7,5 cm hochhäkeln, wobei für die Spitze an einer Seite in jeder Runde abgenommen wird (je 3 Maschen zusammenhäkeln). Jetzt von der Spitze ausgehend rechts und links je 10 Maschen (= 20 M) stehen lassen und über den restlichen Maschen in Hin- und Herreihen häkeln. Dabei an Anfang und Ende abnehmen, bis circa 50 Maschen übrig bleiben. Über diesen Maschen gerade hochhäkeln, 37 cm ab Sohle die Arbeit beenden.

Für das Vorderteil in Blau 30 Maschen anschlagen und auf passende Länge häkeln, für die Spitze beidseitig je circa 5 Maschen abnehmen. Das Teil einnähen und dann am oberen Rand noch in Rot 3 cm anhäkeln, letzte Runde in Krebsmaschen. Sohlenrand ebenfalls in Krebsmaschen umhäkeln.
Ferse, Kreis, Sterne, Schnur (circa 3 m) und Knöpfe nach Schnittmuster häkeln (Stern und Schnur mit doppeltem Faden) und aufnähen. Aufhänger häkeln und annähen.

Motive zum Aufnähen

Ferse in Rot 1x

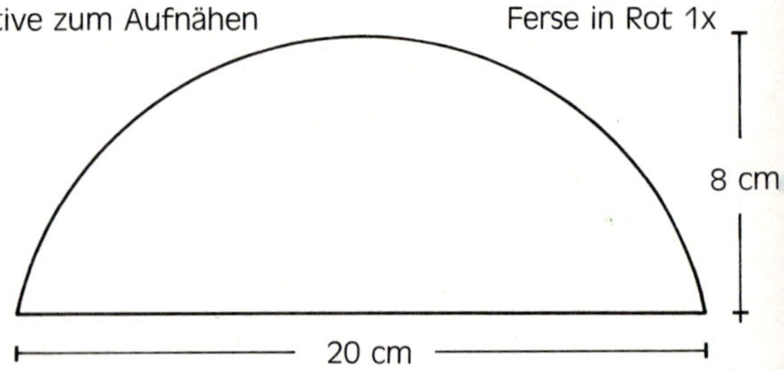

Streifen in Rot 2x

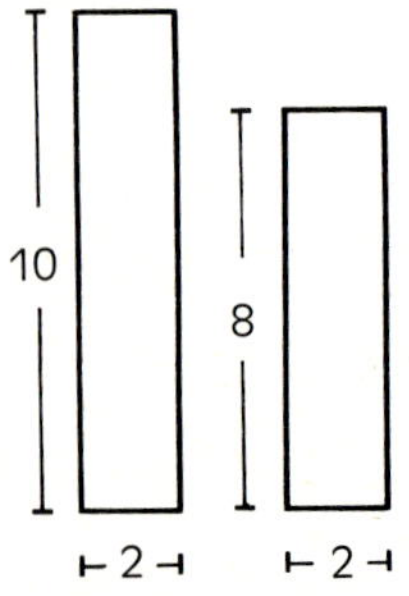

Knöpfe in Rot 10x

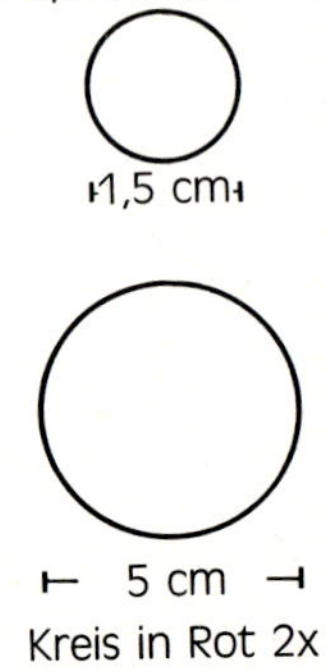

Kreis in Rot 2x

Stern-gold
aus Kreis heraushäkeln
doppelter Faden

Stern auf Strumpfspitze 1x

Gestrickter Nikolausstrumpf

Das brauchen Sie:

"Nomotta" Folklore:
100 g grün, 50 g rot;
"Nomotta" Arabella:
150 g bouclé wollweiß;
1 Spiel Stricknadeln Nr. 5
Muster: glatt rechts in Runden, kraus rechts in Runden (= 1 Runde rechts, 1 Rund links im Wechsel)

Ausführung:

66 Maschen anschlagen, auf Nadelspiel verteilen und in Runden bouclé kraus rechts 5 cm hoch stricken. Dann 3 Runden grün glatt rechts, dann Einstrickmuster 1 (Sterne) arbeiten, 3 Runden grün, 3 Runden weiß kraus, 5 Runden grün glatt. Dann Noppen in Weiß in jeder 6. Masche der folgenden Runde. Noppen: 5 Maschen in Weiß aus einer Masche (grün) herausstricken, dabei abwechselnd von vorn und hinten in die Masche einstechen, dann alle Maschen zusammen über die letzte Masche ziehen.

Weiter 5 Runden in Grün, 3 Runden weiß kraus, 4 Runden grün, dann Einstrickmuster 2 (Herzen) arbeiten, 4 Runden grün, 3 Runden weiß kraus, dann Einstrickmuster 3 (Zacken) arbeiten. 2 Runden in Weiß kraus, Arbeit für Käppchen teilen, Strumpfkäppchen wie beim normalen Strumpf stricken. Nach Beendigung des Käppchens 1 Runde weiß. Dann gleichzeitig mit der Spickelabnahme Einstrickmuster 4 (Punkte) stricken 4 Runden in grün über 66 Maschen anschließen, 3 Runden weiß kraus, dann Sterne (Muster 1) stricken. Strumpfspitze wie beim normalen Strumpf in Weiß glatt rechts arbeiten. Zum Schluß 10 cm lange Luftmaschenkette in Weiß häkeln und als Aufhänger annähen.
(Strickmuster 1 — 4 siehe Seite 215)

Kommet, ihr Hirten

Kommet, ihr Hirten, ihr Männer und Fraun,
Kommet, das liebliche Kindlein zu schaun.
Christus der Herr ist heute geboren,
Den Gott zum Heiland euch hat erkoren.
Fürchtet euch nicht!

Lasset uns sehen in Bethlehems Stall,
Was uns verheißen der himmlische Schall!
Was wir dort finden, lasset uns künden,
Lasset uns preisen mit frommen Weisen.
Halleluja.

Wahrlich, die Engel verkündigen heut
Bethlehems Hirtenvolk gar große Freud.
Nun soll es werden Friede auf Erden,
Den Menschen allen ein Wohlgefallen.
Ehre sei Gott.

Bald kommt die liebe Weihnachtszeit, worauf die ganze Welt sich freut.
Es ist die Zeit der Weihnachtsbäcker, aber auch die Zeit der Zuckerschlecker.
Für manchen auch die Erinnerung an eine Mutter, die für uns in der Backstube steht und Teig rührt, aus Eiern, Mehl und Butter.
Noch während des Backens hat sie uns zur Ruhe gebracht, mit einem süßen "Gute Nacht".
Und sind wir dann am nächsten Tage aufgewacht, dann gab's zum Frühstück eine "Schlacht".

Nein, nennen wir es Freudentänzchen, sie waren fertig, Mutter's Butterkränzchen.

50 + 51

Butterkränzchen

AUS DER BACKSTUBE

Butterkränzchen

Das braucht man:

200 g Mehl
1/2 gestrichenen TL Backpulver
100 g Farinzucker
1 Fläschchen Rum-Aroma
1 Prise Salz
150 g Butter

Zum Bestreichen:

1 Eiweiß

Zum Bestreuen:

Groben Zucker
Mandelblätter

So macht man's:

1. Mehl und Backpulver mischen und auf Tischplatte sieben. In die Mitte eine Vertiefung drücken.

2. Zucker, Aroma und Salz hineingeben. Darauf die in Stücke geschnittene kalte Butter geben.

3. Alles mit etwas Mehl vom Rand bedecken und dann von der Mitte aus schnell zu einem glatten Teig verarbeiten.

4. Teig gut verpackt 1 — 2 Stunden kühl stellen, dann läßt er sich besser weiterverarbeiten.

5. Teig etwa 4 mm dick ausrollen und Kränzchen im Durchmesser von 6 cm ausstechen.

6. Auf ein gefettetes Backblech legen. Mit verquirltem Eiweiß bestreichen.

7. Mit Zucker und Mandeln bestreuen.

8. Bei 175 - 200° (Gasherd Stufe 3 - 4) in der Mitte des Backofens etwa 10 Minuten backen.

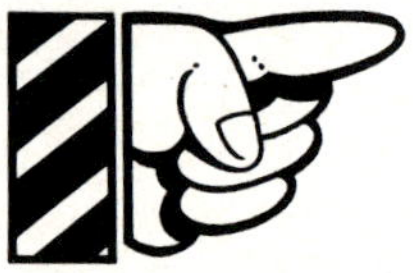

TIP

Den groben Zucker bekommt man meistens unter der Bezeichnung Hagelzucker. Wer will, kann die Butterkränzchen auch mit Silberstreuseln oder bunten Streuseln bestreuen.

Karlsbader Kringel

Das braucht man:

150 g Butter
150 g Puderzucker
1 Prise Salz
4 hartgekochte Eier
geriebene Muskatnuß
250 g Mehl
Butter zum Einfetten

Zum Bestreichen:

2 EL Milch

Zum Bestreuen:

Gehackte Mandeln
gehackte Pistazien

So macht man's:

1. Butter, Puderzucker und Salz in einer Schüssel schaumig rühren.

2. Eier schälen und durchschneiden.

3. Eigelb herauslösen, durch ein Sieb in die Schüssel streichen und mit der Butter-Zucker-Masse verrühren.

4. Mit Muskatnuß würzen.

5. Mehl hinzugeben.

6. Erst rühren, dann kneten.

7. Backblech einfetten.

8. Auf einer mit Mehl bestäubten Arbeitsfläche den Teig ca. 1 1/2 cm dick ausrollen und Kringel von 5 cm Durchmesser ausstechen.

9. Auf das Blech legen, mit Milch bestreichen und mit Mandeln und Pistazien bestreuen.

10. In dem auf 200° (Gasherd: Stufe 3 - 4) vorgeheizten Backrohr auf der mittleren Schiene ca. 10 Minuten backen.

11. Kringel vom Blech nehmen und auf einem Kuchenrost abkühlen lassen.

Vom Himmel hoch

Vom Himmel hoch da komm ich her,
Ich bring euch gute neue Mär;
Der guten Mär bring ich so viel,
Davon ich sing'n und sagen will.

Euch ist ein Kindlein heut' geborn,
Von einer Jungfrau auserkorn,
Ein Kindelein so zart und fein,
Das soll eur Freud' und Wonne sein.

Es ist der Herr Christ, unser Gott,
Der will euch führ'n aus aller Not,
Er will eu'r Heiland selber sein,
Von allen Sünden machen rein.

Lob, Ehr sei Gott im höchsten Thron,
Der uns schenkt seinen ein'gen Sohn.
Des freuet sich der Engel Schar,
Und singet uns solch neues Jahr.

In diesen hübschen Kissen kuschelt's sich nicht nur gemütlich in der Weihnachtszeit. Egal, ob Sie die Kissen verschenken oder damit Ihre Wohnung schmücken, Freude machen sie das ganze Jahr.

Festliche Kissen

Frohes
Fest

AUS DER BASTELSTUBE

Festliche Kissen

Das brauchen Sie:

Silberbrokat, 2 Stück je 42 x 42 cm groß; Füllwatte.

Mond
Ausführung:

Schnittzeichnung auf den Stoff (Rückseite) übertragen, mit 2 cm Nahtzugabe zuschneiden. Naht bis auf kleinen Schlitz zusteppen, Kissen auf die rechte Seite drehen, mit Füllwatte prall füllen — besonders die Spitzen — und dann den Schlitz von Hand schließen. (Zeichnung siehe Seite 216)

Das brauchen Sie:

Goldstoff 40 x 90 cm; "Glitter-paint" in Rot und Grün; Füllwatte.

Kerze
Ausführung:

Teile nach Schnitt zuschneiden, Nähte bis auf kleinen Schlitz schließen. Kerze auf die rechte Seite drehen, ebenso die "Flamme". Beide Teile prall mit Watte ausstopfen, dabei darauf achten, daß die Kerze eine schöne gleichmäßige Form bekommt und nirgends ausbeult. Schlitze von Hand schließen und die Flamme aufnähen. Anschließend die ganze Kerze mit Glitzerfarben nach Lust und Laune bemalen.
(Zeichnung siehe Seite 216)

Das brauchen Sie:

Weißen Satin, 2 mal 35 x 35 cm; ebenso viel Molton; weiße Nähseide; Füllwatte oder passendes Federkissen.

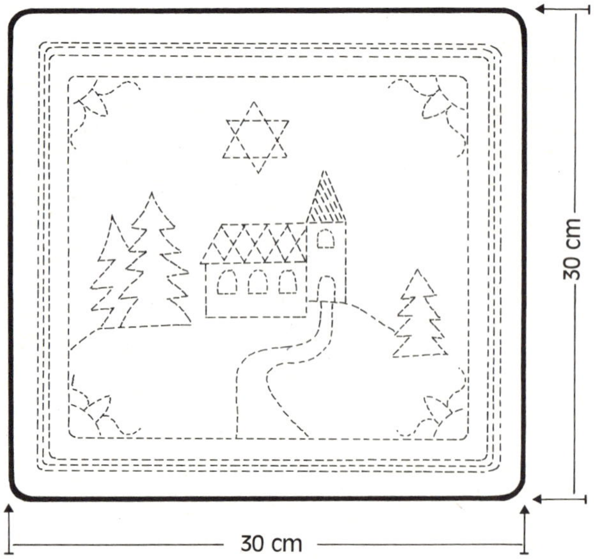

Weißes Kissen mit Kapelle
Ausführung:

Molton auf Satin legen und leicht anheften. Zeichnung auf Molton übertragen und mit strammem Steppstich absteppen. Auf der Satinseite erscheint dann das Bild. (Machen Sie zuvor eine Probe mit einem Restchen.) Fäden der Stepperei gut auf der Rückseite vernähen. Dann die Kissenteile rechts auf rechts legen, den Rand bis auf eine kleine Öffnung absteppen. Kissen nach rechts drehen, ausstopfen oder passendes Federkissen einfüllen und die Öffnung von Hand schließen.

Das brauchen Sie:

Weißen Satin, 2 mal 37 x 28 cm; ebenso viel Molton; Reste von Goldstoff; "Glitter paint" in Gold; goldfarbige Nähseide; Füllmaterial.

Kissen "Frohes Fest"

Ausführung:

Legen Sie Satin auf Molton und steppen mit goldfarbener Nähseide die Ränder dreifach ab. Dann Herzen und Sterne aus Goldstoff ausschneiden, aufkleben und mit Zackenstich annähen. Mit "Glitter paint" Schrift aufmalen, Goldmotive an den Kanten übermalen und Muster einzeichnen. Nach dem Trocknen der Farbe Kissenplatten rechts auf rechts legen, Rand bis auf kleine Öffnung absteppen. Kissen nach rechts drehen, Watte oder passendes Federkissen einfüllen, Öffnung von Hand schließen.

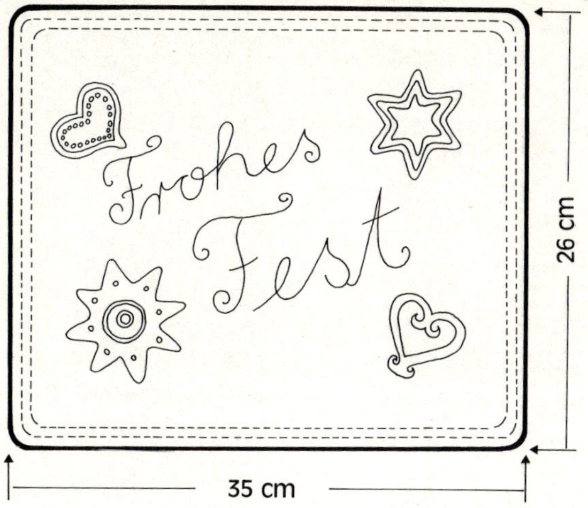

Das brauchen Sie:

160 g "Nomotta" Capriccio in gold; Häkelnadel Nr. 3 und 5. Muster: Filethäkelei = gefüllte Kästchen = 2 Stäbchen, leere Kästchen = 1 Stäbchen 1 Luftmasche.

Häkelstern in Gold

Ausführung:

Mit 34 Luftmaschen beginnen, darüber eine Reihe leerer Kästchen häkeln, dann nach Häkelschrift 1. Sternhälfte arbeiten.
Arbeit wenden und über den Luftmaschen der ersten Reihe in die andere Richtung die 2. Hälfte des Häkelsterns arbeiten. Dabei bleibt in der Mitte eine Reihe leerer Kästchen.
Den zweiten Stern ebenso arbeiten.
(Häkelanleitung siehe Seite 216)

Zwischenteil:

Über 10 Luftmaschen beginnend in festen Maschen ein Band von circa 170 cm Länge arbeiten. Dieses Band mit festen Maschen zwischen die beiden Kissenplatten einhäkeln.
Nach den Maßen des fertigen Sternkissens einen Stern aus Futterstoff nähen, in den Stern geben und mit Füllwatte ausstopfen. Dann die letzte Öffnung von Futter und Kissenhülle schließen.

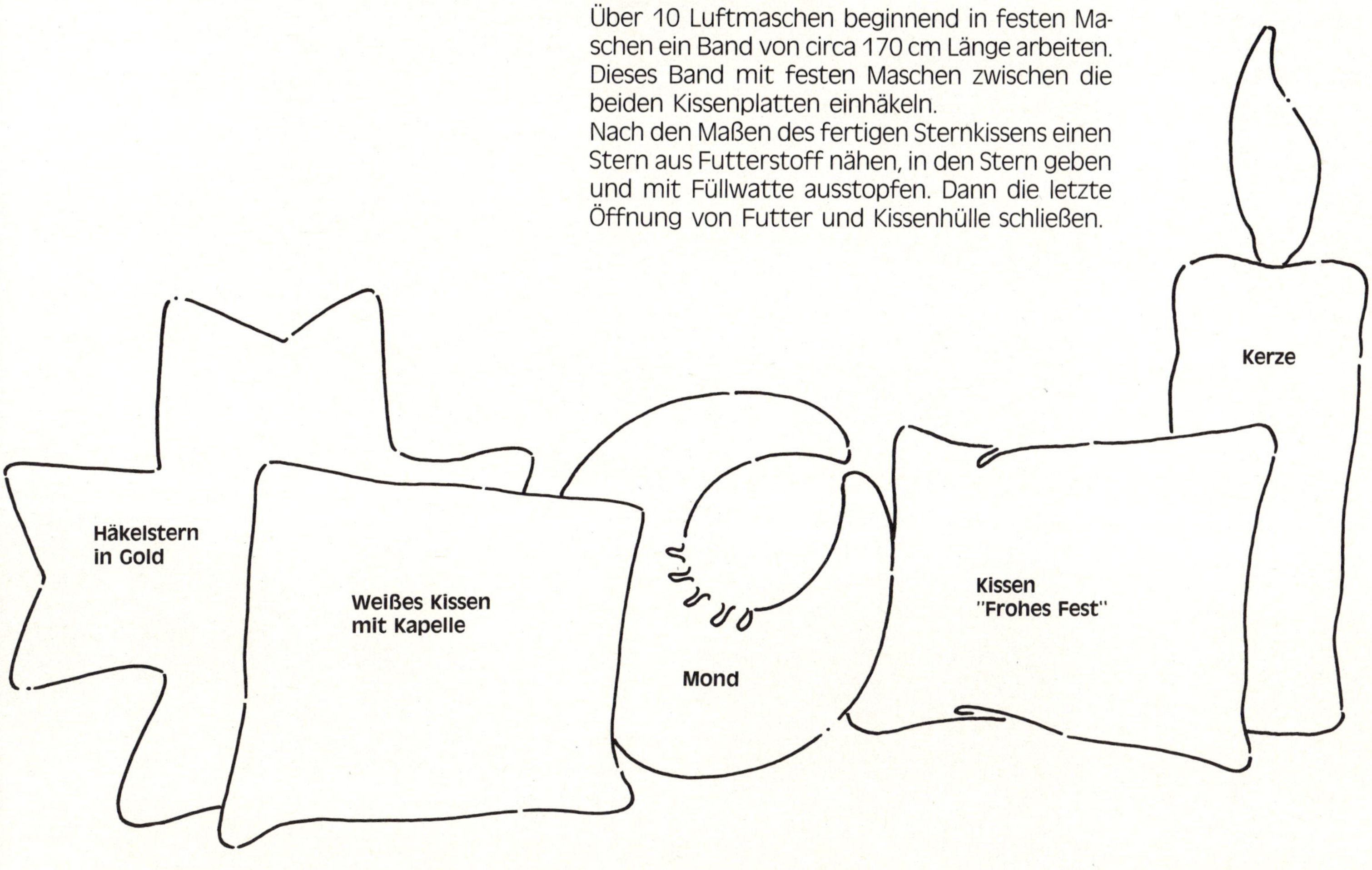

Süße Geschenke

Knecht Ruprecht rüstet zur Erdenfahrt, an Ruten, Äpfeln, aber auch an Zitronen hat er nicht gespart.
Schielt nochmals hinein in den Gabensack, schimpft weidlich auf's faule "Jung-Engelein-Pack".

Kaufen kann jeder, selbermachen ist schwer, da müssen unsere süßen Geschenke her.
Und ganz wie im Traumland, steckt uns Knecht Ruprecht im Nu, flink eine knusprige Pfeffernuß zu.
Er weiß halt, wer sich Mühe gemacht. "Man muß das schon loben, diese gute Idee", sagt unser Knecht Ruprecht. Dann fährt er weiter, tief hinein in den Schnee.

Zitronengelee
Cointreau
Himbeermarmelade
mit
Ingwerwürfeln

AUS DER GESCHENKKÜCHE

Zitronengelee

Das braucht man:

etwa 12 Zitronen für 1/4 l Saft
1 kg Gelierzucker
4 EL Cointreau

So macht man's:

1. 5 Zitronen mit etwas Speiseöl beträufeln, mit Küchenkrepp oder einem Tuch gründlich abreiben, damit keine Rückstände bleiben. Anschließend schälen. Die Schale vollständig von der weißen Haut befreien und in sehr dünne Streifen schneiden.

2. Geschälte Zitronen mit den restlichen auspressen. Dabei sollte 1/4 l Saft entstehen. Zitronenstreifen in den Saft geben und mit Wasser auf 3/4 l Flüssigkeit insgesamt auffüllen.

3. Gelierzucker in den Saft geben. Alles im Einmachtopf bei starker Hitze zum Kochen bringen und dann genau 4 Minuten sprudelnd kochen lassen.

4. Von der Kochstelle nehmen und den Cointreau unterrühren.

5. In saubere, vorbereitete Gläser füllen. Nach 10 — 15 Minuten umrühren, damit die Schalenstreifen gleichmäßig im Glas verteilt sind.

6. Gläser mit Etiketten versehen und beschriften.

7. Die Gläser verschließen und nett dekorieren.

TIP

Wenn man keine Gläser mit Bügelverschluß hat, kann man sich mit Klarsicht- oder Einmachfolie behelfen. Den Glasrand anfeuchten, die Folie darauf glattstreichen und mit einem bunten Band festbinden.

Himbeermarmelade mit Ingwerwürfeln

Das braucht man:

1 1/4 kg tiefgekühlte Himbeeren
1 Päckchen Gelfix
1 1/4 kg Zucker
5 EL Himbeergeist
50 g frische, gemahlene Walnusskerne (ohne Haut)
2 in Sirup eingelegte Ingwernüsse

So macht man's:

1. Himbeeren in einen entsprechend großen Topf geben und auftauen lassen.

2. Früchte mit einem Holzstampfer zerstampfen. Gelfix gleichmäßig unter die Früchte rühren.

3. Alles unter ständigem Rühren bei starker Hitze zum Kochen bringen.

4. Zucker hinzufügen, wieder zum Kochen bringen und, wenn die Marmelade durch und durch kocht, noch 1 Minute (bitte auf die Uhr schauen) kochen lassen.

5. Marmelade von der Kochstelle nehmen und Himbeergeist, Walnüsse und in sehr feine Würfel geschnittene Ingwernüsse unterrühren.

6. In saubere, gut vorbereitete Marmeladengläser füllen und verschließen.

7. Die Gläser später mit karierten oder bunten Deckchen oder einem Stück Spitze und dazu passenden Bändchen dekorieren.

Übrigens, zum Verschenken sollten Sie besonders hübsche Gläser kaufen. Die Auswahl ist groß.

Orangenmarmelade mit Mandeln

Das braucht man:

900 g Orangenfruchtfleisch von etwa 10 — 12 ungespritzten, saftigen Früchten
1 gehäuften EL abgeriebene Orangenschale
3 EL abgezogene, sehr fein gehackte Mandeln
1 kg Gelierzucker

So macht man's:

1. Orangen kurz unter lauwarmem Wasser waschen, abtrocknen und die angegebene Menge Schale abreiben.

2. Früchte mit einem scharfen Messer sorgfältig schälen. Die weiße Haut muß vollkommen entfernt sein.

3. Orangen filetieren, Kerne entfernen, in Stücke schneiden und wiegen.

4. Fruchtfleisch und Orangenschale zusammen mit Mandeln und Gelierzucker in einen entsprechend großen Einmachtopf geben. Unter Rühren bei starker Hitze zum Kochen bringen. Dann unter ständigem Rühren 4 Minuten sprudelnd kochen lassen.

5. Marmelade abschäumen, in saubere, gut vorbereitete Marmeladengläser füllen und verschließen.

6. Zum Verschenken entsprechend mit Bändchen, Papier, Deckchen oder Tannenzweigen verzieren.

Dreifrucht-Gelee

Das braucht man:

1 l ungesüßten Fruchtsaft aus:
4 Kiwis
6 — 8 Orangen
3 Grapefruits
0,1 l weißen Rum
1000 g Gelierzucker

So macht man's:

1. Die Früchte halbieren und mit der elektrischen Zitruspresse entsaften, dabei die Kiwis behutsam auspressen (ergibt ein etwas dickliches Püree).

2. Die gesamte Fruchtsaftmenge so berechnen, daß sie zusammen mit dem Rum 1 l Flüssigkeit ergibt (Alkohol erst nach dem Kochvorgang hinzufügen).

3. Fruchtsaft und Gelierzucker kalt rühren, aufkochen lassen und unter Rühren etwa 1 - 4 Minuten sprudelnd aufkochen lassen.

4. Hin und wieder den Schaum mit einem Sieblöffel abschöpfen.

5. Flüssigkeit vom Herd nehmen und Rum unterrühren.

6. Heiß in vorbereitete Geschenkgläser füllen, sofort verschließen und kühl stellen.

Anmerkung:

Unbedingt darauf achten, daß Fruchtsaft und Zutaten zum Gelierzuckeranteil im Verhältnis 1 : 1 stehen.

Variationen:

Das exotische Dreifrucht-Gelee kann man mit fein geraspeltem Ingwer, mit in feinen Streifen geschnittenen Orangenschalen (chemisch unbehandelt), mit Mandelsplittern oder mit Pistazienkernen anreichern. Anstatt Rum passen Portwein oder Madeira.

Edler Baumschm

Dieser Baumschmuck ist Spitze! Mit einem Spezialhärter gefestigt und mit Gold verziert, wirkt der Schmuck kostbar und edel. Das ist ein hübsches Mitbringsel zum Adventskaffee.

62 + 63

uck

AUS DER BASTELSTUBE

Baumschmuck aus Spitze

Das brauchen Sie:

Spitzenreste (Gardinen, Deckchen, usw); "Glitter Paint" in Gold; "Mod podge"; weißes Nahtband; dünnen Blumendraht.

Ausführung:

Schneiden Sie sich aus den Spitzenstoffen Einzelmotive in den verschiedensten Größen aus.
Um diese Spitzen beständig steif zu machen — Stärke geht wieder raus — werden sie mit dem Härter "Mod podge" von beiden Seiten eingestrichen. Dann hängen Sie die Teile an eine gespannte Schnur mit Hilfe von Stecknadeln. Beobachten Sie die Teile während des Trocknens, sie sollen schön glatt bleiben und sich nicht verziehen oder wellen. Wenn sie trocken sind, lassen sie sich nicht mehr verändern.

Wenn das "Mod podge" klar und nicht mehr klebrig ist, können die Teile von der Leine genommen und weiter bearbeitet werden. Jetzt werden die Spitzen reichlich mit goldener Glitzerfarbe verziert. Nach dem Trocknen weiße Fäden zum Aufhängen befestigen.
Für die Schleifen das Nahtband an den Kanten mit "Glitter paint" bemalen und dann die trockenen Bänder so zurecht schneiden, daß die Schleifen, wie die Zeichnung es zeigt, mit dem Blumendraht zusammengebunden werden können. Mit diesem Draht werden die Schleifen am Baum befestigt.

Übrigens:

Sollten Sie keinen Spitzenstoff finden, der sich für unseren Vorschlag eignet, dann machen Sie sich Ihre Sternchen und Blüten doch selber!
Dazu benötigen Sie feines Glanzhäkelgarn (MEZ) und eine Häkelnadel Nr. 1. Häkeln Sie kleine Deckchen, Sterne, Herzen und was Ihnen sonst noch einfällt. Wenn genug Motive gehäkelt sind, werden sie ebenfalls mit "Mod podge" gehärtet und nach dem Härten mit goldenem "Glitter paint" verziert.
Das ist eine hübsche Beschäftigung für lange Winterabende.

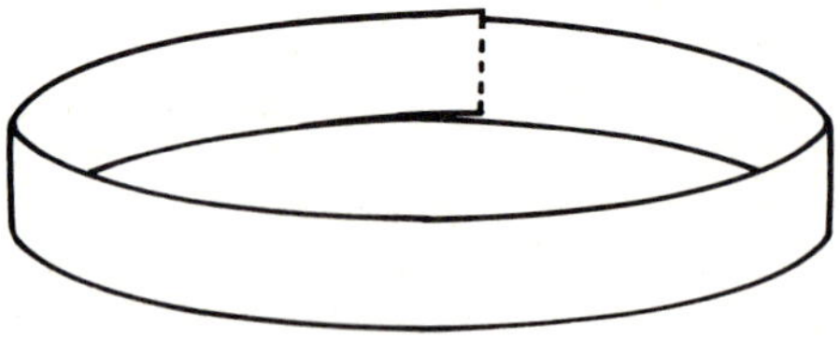

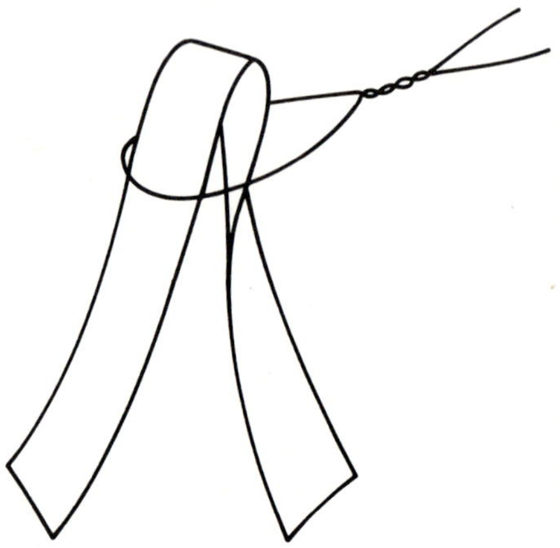

Am Weihnachtsbaum die Lichter brennen

Am Weihnachtsbaum die Lichter brennen,
Wie glänzt er festlich lieb und mild,
Als spräch er: Wollt in mir erkennen
Getreuer Hoffnung stilles Bild.

Die Kinder stehn mit hellen Blicken,
Das Auge lacht, es lacht das Herz,
O fröhlich seliges Entzücken!
Die Alten schauen himmelwärts.

Zwei Engel sind hereingetreten,
Kein Auge hat sie kommen sehn,
Sie gehn zum Weihnachtstisch und beten,
Und wenden wieder sich zu gehn.

Gesegnet seid ihr alten Leute,
Gesegnet sei du kleine Schar!
Wir bringen Gottes Segen heute
Dem braunen wie dem weißen Haar.

Zu guten Menschen, die sich lieben,
Schickt uns der Herr als Boten aus,
Und seid ihr treu und fromm geblieben,
Wir treten wieder in dies Haus.

Kein Ohr hat ihren Spruch vernommen,
Unsichtbar jedes Menschen Blick,
Sind sie gegangen wie gekommen,
Doch Gottes Segen blieb zurück.

Hermann Kletke

Durch die neblige Ferne fliegt es schon, wie Weihnachtsglocken, ein lieber Ton.
Ein klingendes Bim, ein ruhiges Bam, was hat das der Welt nur angetan.
Drinnen beginnt ein sanftes Mahlen und Wühlen, wie ein Alchimist zwischen den Himmelsstühlen.
Wir verbinden Kaffee mit alkoholischem Geist, was unsere gute Absicht beweist.

Wir machen für Freunde einen Likör aus Kaffee, ein gutes Mittel gegen Kälte und Schnee.
Zuviel davon genossen, stimmt man die Harfe ein und übt den Festgesang mit vielen kleinen Engelein.

Festliköre

AUS DER GESCHENKKÜCHE

Kaffeelikör

Das braucht man:

500 g Zucker
3/8 l Wasser
125 g grob gemahlenen Bohnenkaffee
1 l Weinbrand

So macht man's:

1. Zucker und Wasser in einen Topf geben, bei schwacher Hitze langsam erwärmen, bis sich der Zucker vollkommen gelöst hat. Nun zu einem dickflüssigen Sirup einkochen.

2. Kaffeepulver hinzufügen, unterrühren und einmal aufkochen lassen.

3. Weinbrand in die etwas abgekühlte Masse gießen und alles gut verrühren.

4. Flüssigkeit in eine gut zu verschließende Flasche füllen und 2 — 4 Wochen an einen warmen Ort stellen. Besonders gut ist ein Plätzchen an der Sonne.

5. Danach den Likör durch einen Filter laufen lassen und in kleine Flaschen abfüllen. Gut verschließen.

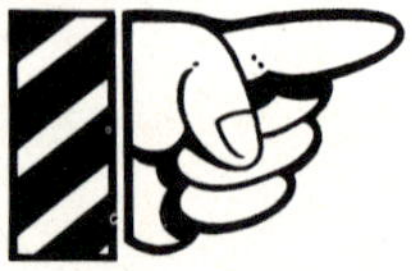

TIP

Zum Verschenken ein dekoratives Etikett beschriften und die Flasche in getöntes Cellophan wickeln, mit einer Schleife abbinden. Wer sich besonders viel Mühe machen will, kann die Flasche auch mit Glasfarben bemalen.

Zitronenlikör

Das braucht man:

6 — 7 Zitronen
400 g Würfelzucker
1 Prise gemahlenen Zimt
1 Prise gemahlenen Koriander
3/4 l Weinbrand
1/4 l 90%igen Alkohol

So macht man's:

1. Zitronen mit etwas Speiseöl beträufeln und mit Küchenkrepp oder einem Tuch gründlich sauber reiben. Schale mit einem scharfen Messer so entfernen, daß nichts von dem weißen Pelz an ihr hängt. Schale in sehr feine Würfel schneiden.

2. Zitronenschale, Würfelzucker, Zimt und Koriander in einen weithalsigen Glasbehälter geben und den ausgepreßten Saft der Zitronen darübergießen.

3. Weinbrand und Alkohol hinzufügen, alles gut durchschwenken. Zugedeckt an einem dunklen, kühlen Ort 3 — 6 Wochen ziehen lassen.

4. Dann durch ein Haarsieb seihen und in eine schöne Glaskaraffe füllen.

5. Nach Belieben 1 — 2 frische Zitronenschnitze einlegen.

Eierlikör

Das braucht man:

5 Eigelb
Mark einer halben Vanilleschote
175 g Puderzucker
3/8 l süße Sahne
1/8 l 90%igen Alkohol

So macht man's:

1. Eigelb, ausgekratztes Mark der Vanilleschote und Puderzucker in einen Mixer geben. Zu einer glatten Flüssigkeit verquirlen.

2. Nach und nach Sahne und Alkohol hinzufügen. 1 - 2 Minuten mixen, in eine Flasche füllen und gut verschließen.

3. Nach 4 - 6 Tagen kann man den selbstgemachten Eierlikör genießen.

Stille Nacht, heilige Nacht

Stille Nacht, heilige Nacht!
Alles schläft, einsam wacht
Nur das traute, hochheilige Paar;
Holder Knabe im lockigen Haar,
Schlaf in himmlischer Ruh,
Schlaf in himmlischer Ruh!

Stille Nacht, heilige Nacht!
Hirten erst kund gemacht;
Durch der Engel Halleluja
Tönt es laut von fern und nah:
Jesus der Retter ist da!

Stille Nacht, heilige Nacht!
Gottes Sohn, o wie lacht
Lieb' aus deinem holdseligen Mund,
Da uns schlägt die rettende Stund,
Christ, in deiner Geburt!

Mittelpunkt des Familienfestes "Weihnachten" ist die schön gedeckte Festtafel. An ihr feiern groß und klein, jung und alt in fröhlicher Runde das schönste Fest des Jahres.

70+71

Susi

AUS DER BASTELSTUBE

Festliche Tafel

Das brauchen Sie:

Gips; Plastilin; Goldbronce.

Tischkarten aus Gips

Ausführung:

Modellieren Sie aus dem Plastilin Formen mit einem hochgezogenen Rand, wie die Zeichnung es zeigt. Die Buchstaben der Namen werden in Spiegelschrift in das Plastilin gedrückt. Dazu können Streichhölzchen, Stifte, Schrauben und ähnliches verwendet werden. Zur Verzierung werden dann Motive wie Würfel, Kanne oder andere kleine Sachen in das weiche Plastilin gedrückt. Man kann natürlich auch durch Auskratzen Formen hineinmodellieren.

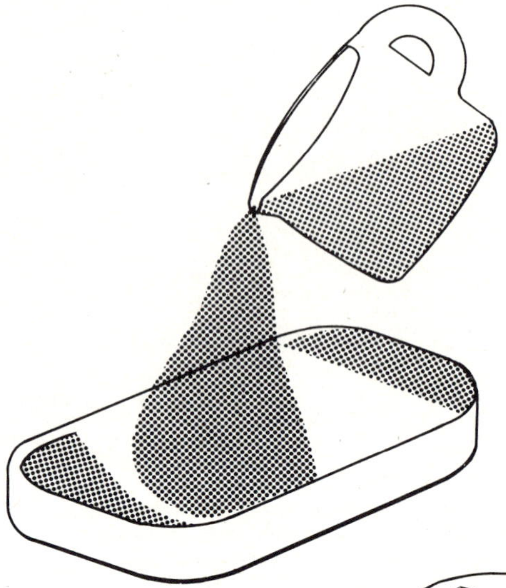

Gipsbrei in Form gießen

Form aus Plastilin

harten Gips aus Form nehmen

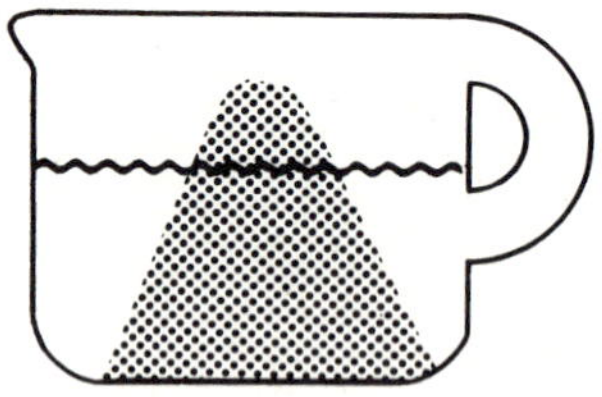

Gips ins Wasser gießen

Jetzt die Gipsmasse anrühren (Immer Gips ins Wasser schütten, nicht umgekehrt!)

Die Gipsmasse nun in die Plastilinförmchen gießen. Leicht auf den Tisch klopfen, damit die Luftbläschen aus dem Gips aufsteigen können.

Nach etwa 2 Stunden ist der Gips soweit ausgehärtet, daß man ihn aus den Plastilinförmchen herausnehmen kann.

Die Ränder werden nun mit dem Küchenmesser geglättet. Zum Schluß werden die Tischkärtchen mit Gold verziert.

Die Schleifen:

Zwischen den einzelnen Gedecken werden an der Tischkante Schleifen angebracht. Dazu binden Sie die Schleifen zunächst separat. Dann wird das übrige Schleifenband bogenförmig aufgehängt (mit ein paar Stichen oder Sicherheitsnadeln befestigen) und auf diesen Stellen werden dann die Schleifen angebracht.

Der Tafelaufsatz

Dazu Teller und Platten der verschiedensten Größen verwenden. Stellen Sie zunächst die größte Platte auf den Tisch, in die Mitte der Platte kommt ein stabiler Becher. Jetzt kommt auf diesen Becher der nächst kleinere Teller. Seine Unterseite bekleben Sie mit einem Streifen doppelseitigem Klebeband, so daß der Teller fest auf dem Becher steht. Jetzt folgt wieder ein Becher und darauf ein kleinerer Teller, usw. Den Aufsatz dann nach Geschmack und Fantasie mit Kerzen, Zweigen, vergoldeten Nüssen und Gebäck dekorieren.

Christkindl-Ahnung im Advent

Erleben eigentlich Stadtkinder Weihnachtsfreuden? Erlebt man sie heute noch?
Ich will es allen wünschen, aber ich kann es nicht glauben, daß das Fest in der Stadt mit ihren Straßen und engen Gassen das sein kann, was es uns Kindern im Walde gewesen ist.
Der erste Schnee erregte schon liebliche Ahnungen, die bald verstärkt wurden, wenn es im Haus nach Pfeffernüssen, Makronen und Kaffeekuchen zu riechen begann, wenn am langen Tische der Herr Oberförster und seine Jäger mit den Marzipanmodeln ganz zahme, häusliche Dinge verrichteten, wenn an den langen Abenden sich das wohlige Gefühl der Zusammengehörigkeit auf dieser Insel, die Tag um Tag stiller wurde, verbreitete. In der Stadt kam das Christkind nur einmal, aber in der Riß wurde es schon Wochen vorher im Walde gesehen, bald kam der, bald jener Jagdgehilfe mit der Meldung herein, daß er es auf der Jachenauer Seite oder hinter Ochsensitzer habe fliegen sehen.
In klaren Nächten mußte man bloß vor die Türe gehen, dann hörte man vom Walde herüber ein feines Klingeln und sah in den Büschen ein Licht aufblitzen. Da röteten sich die Backen vor Aufregung, und die Augen blitzen vor freudiger Erwartung. Je näher aber der Heilige Abend kam, desto näher kam auch das Christkind ans Haus, ein Licht huschte an den Fenstern des Schlafzimmers vorüber, und es klang wie von leise gerüttelten Schlittenschellen.
Da setzten wir uns in den Betten auf und schauten sehnsüchtig ins Dunkel hinaus; die großen Kinder aber, die unten standen und auf einer Stange Lichter befestigt hatten, der Jagdgehilfe Bauer und sein Oberförster, freuten sich kaum weniger.
Es gab natürlich in den kleinen Verhältnissen kein Übermaß an Geschenken, aber was gegeben wurde, war mit aufmerksamer Beachtung eines Wunsches gewählt und erregte Freude.
Als meine Mutter an einem Morgen nach der Bescherung ins Zimmer trat, wo der Christbaum stand, sah sie mich stolz mit meinem Säbel herumspazieren, aber ebenso froh bewegt schritt mein Vater im Hemde auf und ab und hatte den neuen Werderstutzen umgehängt, den ihm das Christkind gebracht hatte.
Wenn der Weg offen war, fuhren meine Eltern nach den Feiertagen auf kurze Zeit zu den Verwandten nach Ammergau. Ich mag an die fünf Jahre alt gewesen sein, als ich zum ersten Male mitkommen durfte; und wie der Schlitten die Höhe oberhalb Wallgau erreichte, von wo aus sich der Blick auf das Dorf öffnet, war ich außer mir vor Erstaunen über die vielen Häuser, die Dach an Dach nebeneinander standen.
Für mich hatte es bis dahin bloß drei Häuser in der Welt gegeben.

Ludwig Thoma

Fensterlebkuchen

Dämmer-
stille
Nebel-
felder,
schneedurchglänzte
Einsamkeit, und ein
wunderbarer wei-
cher Weihnachts-
friede weit und
breit.
Darum schmücken
wir das Fenster.
Backwerk hausge-
macht. Uns're Bot-
schaft bringt ein
FENSTERLEBKUCHEN
in die Nacht.

Er soll grüßen alle
Wunder,
die am Tage lang
geruht.
Und das Herz be-
ginnt zu denken,
und der Sinn wird
froh und gut.
Und der Blick ist
voller Leuchten,
längst Entschlafe-
nes ist erwacht...
und so geht man
still und leise,
durch die stille
Winternacht.

AUS DER BACKSTUBE

Fensterlebkuchen

Das braucht man:

500 g Honig
200 g Zucker
2 Päckchen Vanillezucker
2 EL Öl
2 Eier
2 EL gemahlenen Zimt
1 Teelöffelspitze gemahlene Nelken
1 Teelöffelspitze gemahlene Muskatblüte
1/2 Fläschchen Zitronen-Aroma
1 Fläschchen Rum-Aroma
1 kg Mehl
2 Päckchen Backpulver

Zum Bestreichen:

Dosenmilch

Zum Belegen:

Abgezogene, halbierte Mandeln
Walnußkerne
Haselnußkerne

Für den Guß:

Etwa 200 g Puderzucker
Eiweiß

Zum Verzieren:

Zuckerperlen
Zuckerblüten
kandierte Früchte usw.

So macht man's:

1. Honig, Zucker und Vanillezucker so lange erwärmen, bis sich der Zucker aufgelöst hat. Anschließend in eine Rührschüssel geben und kalt stellen.

2. Unter die fast erkaltete Masse Öl, Eier, Gewürze und Aromen rühren.

3. Mehl und Backpulver mischen, sieben und 2/3 davon eßlöffelweise in die Honigmasse rühren. Restliches Mehl unter den Teig kneten.

4. Teig knapp 1 cm dick auf einer mit Mehl bestäubten Platte ausrollen und mit einem Messer Quadrate von etwa 10 x 10 cm, Rechtecke von etwa 30 x 20 cm, Kreise mit einem ∅ von etwa 25 cm oder Ovale ausschneiden. Gebäckstücke auf ein gefettetes Backblech legen.

5. Gleichmäßig mit Dosenmilch bestreichen und dekorativ mit Mandeln, Walnuß- oder Haselnußkernen belegen. Oberfläche der Kerne ebenfalls mit Dosenmilch bestreichen. Etwa 2 cm vom Rand entfernt 1 — 2 Löcher ausstechen, damit die Fensterlebkuchen später aufgehängt werden können.

6. Bei 175 - 200° (Gasherd Stufe 3 - 4) etwa 15 Minuten backen. Auf einem Kuchenrost auskühlen lassen.

7. Für den Guß Puderzucker mit so viel verquirltem Eiweiß verrühren, daß eine spritzfähige Masse entsteht. Masse in ein Pergamenttütchen füllen und die Fensterlebkuchen damit verzieren. Mit Zuckerperlen, -blüten und kandierten Früchten dekorativ belegen. Trocknen lassen.

8. Zum Verschenken mit Bändchen versehen und in Cellophanpapier verpacken.

Bayerischer Lebkuchen

Das braucht man:

250 g Bienenhonig
250 g Zucker
600 g Mehl
1 Ei
125 g gehackte Haselnußkerne
50 g gewürfeltes Zitronat
50 g gewürfeltes Orangeat
1/2 TL gemahlene Nelken
1 TL gemahlenen Zimt
15 g Hirschhornsalz
50 ccm Rum

Für die Verzierung:

Zuckerglasur
Walnußkernhälften

So macht man's:

1. Honig und Zucker erwärmen, zerlassen, in eine Rührschüssel geben und abkühlen lassen.

2. Unter die fast erkaltete Masse nach und nach Mehl, Ei, Nüsse, Zitronat, Orangeat und Gewürze geben.

3. Hirschhornsalz in Rum auflösen und ebenfalls unter den Teig arbeiten.

4. Den zu einer einheitlichen Masse verarbeiteten Teig fingerdick auf einem gefetteten Backblech ausrollen.

5. Bei 200° (Gasherd: Stufe 3 - 4) ca. 20 - 30 Minuten backen.

6. Den Lebkuchen erst am nächsten Tag in Rechtecke oder Quadrate schneiden.

7. Mit Zuckerglasur bestreichen und mit je einer Walnußkernhälfte belegen.

Knecht Ruprecht

Von drauß, vom Walde komm ich her.
Ich muß euch sagen, es weihnachtet sehr!
Allüberall auf den Tannenspitzen
Sah ich goldene Lichtlein blitzen.
Und droben aus dem Himmelstor
Sah mit großen Augen das Christkind
hervor.
Und wie ich so strolcht durch den
finsteren Tann,
Da rief's mich mit heller Stimme an:
Knecht Ruprecht, rief es, alter Gesell,
Hebe die Beine und spute dich schnell!
Die Kerzen fangen zu brennen an,
Das Himmelstor ist aufgetan.
Alt und Jung sollen nun
Von der Jagd des Lebens einmal ruhn.
Und morgen flieg ich hinab zur Erden,
Denn es soll wieder Weihnachten werden!
Ich sprach: O lieber Herre Christ,
Meine Reise fast zu Ende ist.
Ich soll nur noch in diese Stadt,
Wo's eitel gute Kinder hat.
Hast denn das Säcklein auch bei dir?
Ich sprach. Das Säcklein, das ist hier,
Denn Äpfel, Nuß und Mandelkern
Essen fromme Kinder gern.
Hast denn die Rute auch bei dir?
Ich sprach: Die Rute, die ist hier.
Doch für die Kinder nur, die schlechten,
Die trifft sie auf den Teil, den rechten.
Christkindlein sprach: So ist es recht.
So geh mit Gott, mein treuer Knecht!
Von drauß, vom Walde komm ich her.
Ich muß euch sagen, es weihnachtet sehr!
Nun sprecht, wie ich's hierinnen find:
Sind's gute Kind, sind's böse Kind?

Theodor Storm

Weihnachten für zwei

Das ist der Traum verliebter Paare, einen Weihnachtsfeiertag ganz für sich allein zu gestalten. Als Erinnerung an den Tag werden Monogramm und Datum in die Gläser eingraviert.

78+79

Florian
12. 04
FP

AUS DER BASTELSTUBE

Weihnachtstisch für zwei

Das brauchen Sie:

1 kleinen, runden Tisch; Silberfolie aus Kunststoff, die nicht reißt; glatte, große Kieselsteine; Silberbronze; silberne Kerzen von verschiedenen Größen und Formen; 1 versilberten Ast; Glasherzen, Glasvase, Glasgeschirr; Gläser zum Gravieren; Gravierbesteck: Diamantstift mittelfein für Konturen, Schleifstift, Halter für die Stifte oder ein elektrisches Graviergerät; schwarzes Papier; weißen Zeichenstift; Tesafilm.

Ausführung:

Das Gravieren der Gläser:

Zeichnen Sie sich auf dem schwarzen Papier die Motive in der richtigen Größe auf, die Sie auf das Glas gravieren möchten. Das Papier wird mit Hilfe von Tesafilm innen in die Gläser geklebt. Dann mit dem Diamantkonturenstift die Konturen gründlich einritzen und das Papier wieder entfernen. Ein schwarzes Tuch in das Glas legen und weiter gravieren, Flächen mit starkem Druck und dem Schleifstift herausarbeiten. Zwischendurch den Glasstaub immer wieder mit einem Tuch abwischen.

Kieselsteine und Ast versilbern:

Alle Teile müssen sauber, trocken und staubfrei sein. Dann von allen Seiten silbern bemalen. Den Tisch mit der Folie bedecken, die möglichst bis zum Boden reicht. Die silbernen Steine auf dem Tisch arrangieren und die Silberkerzen mit Klebewachs dazwischenstecken. Ast in Vase stecken und die Herzen daran hängen, die Vase hinter die Steine stellen. Den Tisch dann mit den gravierten Gläsern und Glasgeschirr decken.

Es ist ein Ros' entsprungen

Es ist ein' Ros' entsprungen
Aus einer Wurzel zart,
Wie uns die Alten sungen,
Von Jesse kam die Art,
Und hat ein Blümlein bracht,
Mitten im kalten Winter,
Wohl zu der halben Nacht.

Das Röslein, das ich meine,
Davon Jesaja sagt,
Hat uns gebracht alleine
Marie, die reine Magd;
Aus Gottes ew'gem Rat
Hat sie ein Kind geboren
Wohl zu der halben Nacht.

Das Blümelein so kleine,
Das duftet uns so süß;
Mit seinem hellen Scheine
Vertreibt's die Finsternis.
Wahr' Mensch und wahrer Gott,
Hilft uns aus allem Leide,
Rettet von Sünd und Tod.

Die Tage kommen, die Tage gehn, der schönste Tag hat kein Bestehn.
Ob Frühling oder Sommer schmückt die Welt, rasch kommt der Herbst ins Stoppelfeld.
Es saust, es schneit, es friert; doch dann der Advent zündet uns die Lichter an.
Besinnliches macht manches wahr, was längst bei uns vergessen war.
Noch dauert's Tage bis zum Weihnachtsbaum, doch mehr und mehr verschmelzen Zeit und Raum.
Da muß man nicht lang' im Rezeptbuch suchen, wir backen einen Kuchen.
"Wer schneidet an" klingt die gebackene Herbergssuche.
Wer das tun darf, steht nicht in diesem Buche.

Adventskuchen

AUS DER BACKSTUBE

Adventskuchen

Das braucht man:

250 g Butter oder Margarine
250 g sehr feinen Zucker
4 Eier
Salz
etwas abgeriebene Muskatnuß
250 g Mehl
5 gestrichene TL Backpulver
500 g gewaschene Korinthen
125 g gewürfeltes Zitronat und Orangeat
75 g abgezogene, gehackte Mandeln
5 EL Weinbrand

Zum Bestreichen:

2 — 4 EL Aprikosenkonfitüre

Für den Mantel:

200 g Marzipan-Rohmasse
125 g Puderzucker

Für den Guß:

200 g Zitronenglasur

Zum Verzieren:

Abgezogene, halbierte, gebräunte Mandeln

So macht man's:

1. Butter und Zucker so lange rühren, bis die Masse hell und schaumig ist. Zucker sollte möglichst vollkommen aufgelöst sein. Nach und nach Eier, Salz und Muskatnuß unterrühren.

2. Mehl und Backpulver mischen, sieben und eßlöffelweise unter die Fett-Eier-Masse rühren.

3. Gut abgetropfte Korinthen mit etwas Mehl in einem Sieb schütteln und zusammen mit Zitronat, Orangeat, Mandeln und Weinbrand unter den Teig rühren.

4. Eine Springform (∅ etwa 24 cm) mit Backpapier auslegen. Papier fetten, Teig einfüllen, glattstreichen.

5. Bei 150° (Gasherd Stufe 2) etwa 2 Stunden backen. Sollte die Oberfläche zu schnell bräunen, den Kuchen mit Alufolie abdecken.

6. Kuchen aus der Form lösen und auf einem Kuchenrost auskühlen lassen.

7. Für den Mantel Aprikosenkonfitüre durch ein Sieb streichen, erhitzen und den Kuchen rundherum damit bepinseln.

8. Für den Mantel Marzipan-Rohmasse und gesiebten Puderzucker verkneten. Gut 2 mm dick auf gesiebten Puderzucker ausrollen. Einen Streifen in der Höhe für den Kuchenrand und eine Decke in der Größe der Springform daraus schneiden. Decke vorsichtig auf den Kuchen legen, andrücken. Streifen um den Kuchen legen und ebenfalls gut andrücken.

9. Für den Guß Zitronenglasur auflösen, glattrühren und den Kuchen gleichmäßig damit überziehen.

10. Mit den gebräunten Mandeln oder anderen bunten Elementen dekorieren.

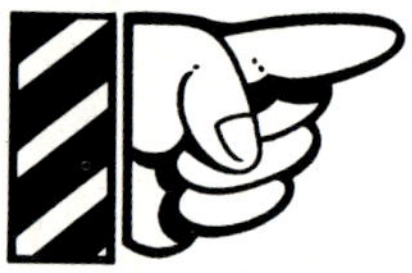

TIP

Wer das Besondere liebt, kann den Kuchen, bevor man ihn im Marzipanmantel verpackt, mit Rum, Weinbrand oder Sherry tränken.

Adventstee

Das braucht man:

1/4 l Weißwein
1/4 l frisch gepreßten Orangensaft
1/4 l Orangenlikör
1/2 unbehandelte Orange
1 TL Nelken
2 Zimtstangen
2 EL Zucker

Für die Garnitur:

4 gehäufte EL Schlagsahne
1 TL Zimtpulver
4 Zimtstangen

So macht man's:

1. Weißwein, Orangensaft und Orangenlikör in einen Topf geben.

2. Auf der halben Zitrone und Orange mit den Nelken jeweils eine Zimtstange feststecken und mit dem Zucker in den Punsch geben.

3. Das Ganze erhitzen, in feuerfeste Gläser füllen und die Sahne obenauf setzen.

4. Mit den restlichen Zimtstangen und dem Zimtpulver garnieren und heiß servieren.

Theodor Storm an seine Eltern

Heiligenstadt, 20. December 1856

Es wird Weihnachten! Mein ganzes Haus riecht schon nach braunem Kuchen — versteht sich nach Mutters Recept — und ich sitze sozusagen schon seit einer Woche im Scheine des Tannenbaums. Ja, wie ich den Nagel meines Daumens besehe, so ist auch der schon halbwegs vergoldet. Denn ich arbeite jetzt abends nur in Schaumgold, Knittergold und bunten Bonbonpapieren; und während ich Netze schneide und Tannen- und Fichtenäpfel vergolde, und die Frauen, das heißt meine Frau und Röschen, Lisbeths Puppe ausputzen, liest Onkel Otto uns die "Klausenburg" von Tiek vor oder gibt hin und wieder eine Probe aus den Bilderbüchern, die Hans und Ernst auf den Teller gelegt werden sollen. Gestern abend habe ich sogar Mandeln und Citronat für die Weihnachtskuchen schneiden helfen, auch Kardamom dazu gestoßen und Hirschhornsalz. Den Vormittag war ich stundenlang auf den Bergen in den Wäldern herumgeklettert, um die Tannenäpfel zu suchen. Ja, Ihr hättet mich sogar in meinem dicken Winter-Surtout hoch oben in einer Tannenspitze sehen können. Freilich hatte ich mich vorher gehörig umgesehen; denn der Herr Kreisrichter durfte sich doch nicht auf ganz offenbarem Waldfrevel ertappen lassen.

Jeden morgen, die letzten Tage, kommt der Postbote und bringt ein Päckchen oder einen Brief aus der Heimat oder aus der Fremde von Freunden. Die Weihnachtszeit ist doch noch gerade so schön, wie sie in meinen Kinderjahren war. Wenn nur noch der Schnee kommen wollte; wir wohnen hier so schön einsam zwischen den Bergen, da müßte der Weihnachtsbaum, wenn er erst brennt, prächtig in die Winterlandschaft hinausleuchten...

24. December Nachmittag
Den Weihnachtsbaum, der auf der Diele steht und genau bis an die Decke reicht, habe ich bis auf das letzte Fädchen ganz allein hergestellt, außerdem eine schöne Tannenverzierung über dem Sofa, vor welchem nach alter Weise der Teetisch mit den braunen Kuchen steht... Die Frauen, da sie nichts dabei getan, haben mir in die Herrlichkeit gar nicht hinein dürfen. Die Teller mit Äpfeln, Nüssen und Kuchen und sehr leckerem, selbstgebackenem Marzipan, die sie für jeden, auch für sich und mich, aufgebaut haben, sind ihnen vor der Tür abgenommen. Constanze ist so vergnügt, wie ich sie am Weihnachtsabend fast noch nicht gesehen habe, und auch mir ist friedlich und still zumute. Draußen liegt eine wunderschöne Schneelandschaft — es ist äußerst anmutig hier auf dem stillen Weihnachtskämmerchen.
Jetzt, liebe Mutter, wünsche ich Euch herzlich vergnügte Weihnachten.

Euer Theodor

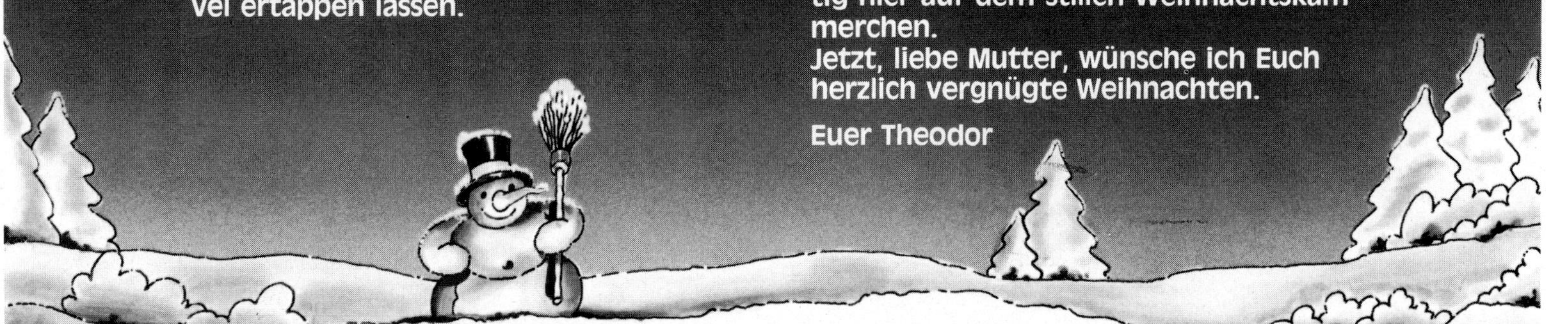

Ein kostbares Geschenk ist ein Bild, das Sie nach einem Ferienfoto sticken. Während der Arbeit träumen Sie nochmal von herrlichen Ferientagen und können sich auf zukünftige freuen.

Gestickte Ferienerinnerung

Gestickte Ferienerinnerung

Das brauchen Sie:

Feinen Baumwollstoff zum Besticken; Sticknadeln, möglichst für jede Farbe eine Extranadel; MEZ Sticktwist, je 1 Strang: braun, sahara, lehm, greige, torf, grau, altoliv, wässrig blau, biskuit; je 2 Strang: weiß und elfenbein; Stickrahmen; passenden Bilderrahmen.

Ausführung:

Übertragen Sie die Schnittzeichnung mit Bleistift ganz leicht in Originalgröße auf den Stoff. Dann sticken Sie in "Nadelmalerei" das Bild dicht an dicht aus. Es wird mit drei abgespaltenen Fäden in Plattstich für die Flächen, die Linien werden in Stielstich gestickt. Die Schattierungen werden von innen nach außen gearbeitet.

Wenn Sie ein eigenes Urlaubsfoto nachsticken wollen, gehen Sie so vor:
Zunächst lassen Sie das Foto auf die gewünschte Stickbildgröße vergrößern. Bezeichnen Sie dazu im Fotogeschäft den Ausschnitt, den Sie in der entsprechenden Größe wünschen.
Nun über das Foto Transparentpapier legen und die wichtigsten Konturen des Fotos sparsam nachzeichnen. Denken Sie dabei daran, daß Sie hinterher alles nachsticken wollen und machen Sie die Flächen nicht zu winzig.
Ist Ihr Entwurf fertig, dann übertragen Sie ihn mit Bleistift auf den Stoff, der in den Stickrahmen gespannt wird.
Die Sticktwistfarben suchen Sie anhand des Fotos aus.

Fertigstellung:

Die Stickerei von links gut bügeln. Pappscheibe zuschneiden, die gerade in den Bilderrahmen paßt. Auf die Pappscheibe eine Lage Watteline oder ähnliches legen, dann die Stickerei darüber spannen. Die Stickerei auf der Papprückseite mit Spannfäden fixieren und dann mit einem Rest Futterstoff abfüttern. Stickerei in den Rahmen geben und von der linken Seite mit Bilderrahmenstiften befestigen.

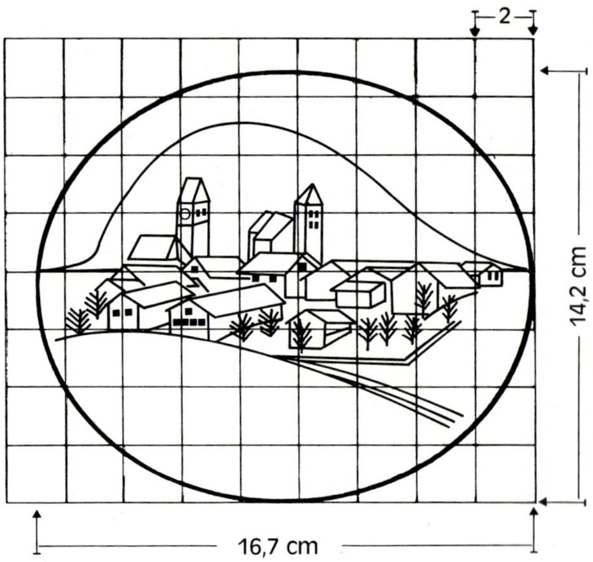

Übrigens:

Das Aussticken solch eines Bildes in Nadelmalerei ist sehr zeitraubend, und man muß schon eine geübte Stickerin sein, um ein so schönes Resultat zu erzielen. Nicht weniger reizvoll und auch nicht so schwierig ist es, wenn Sie Ihr Urlaubsbild mit Pastellkreide nachmalen. Dazu gehen Sie wie beim Vorbereiten des Stickbilds vor. Nur übertragen Sie die Konturen von der Fotokopie ganz hauchzart auf den Zeichenkarton, damit die Striche auf keinen Fall durchschimmern. Anschließend werden die Flächen mit den Kreiden in allen Schattierungen ausgemalt. Durch Übermalen können Fehler ausgebessert werden. Ist das Bild fertig, dann sollten Sie es mit Fixativ besprühen, damit sich die Farben nicht verwischen.

Rasterzeichnung
siehe Seite 217.

Die Sterntaler

Es war einmal ein kleines Mädchen, dem war Vater und Mutter gestorben, und es war so arm, daß es kein Kämmerchen mehr hatte, darin zu wohnen, und kein Bettchen mehr, darin zu schlafen, und endlich gar nichts mehr als die Kleider auf dem Leib und ein Stückchen Brot in der Hand, das ihm ein mitleidiges Herz geschenkt hatte. Es war aber gut und fromm. Und weil es so von aller Welt verlassen war, ging es im Vertrauen auf den lieben Gott hinaus ins Feld. Da begegnete ihm ein armer Mann, der sprach: "Ach, gib mir etwas zu essen, ich bin so hungrig". Es reichte ihm das ganze Stückchen Brot und sagte: "Gott segne dir's", und ging weiter. Da kam ein Kind, das jammerte und sprach: "Es friert mich so an meinem Kopfe, schenk mir etwas, womit ich ihn bedecken kann." Da tat es seine Mütze ab und gab sie ihm. Und als es noch eine Weile gegangen war, kam wieder ein Kind und hatte kein Leibchen an und fror; da gab es ihm seins; und noch weiter, da bat eins um ein Röcklein, das gab es auch von sich hin. Endlich gelangte es in einen Wald, und es war schon dunkel geworden; da kam noch eins und bat um ein Hemdlein, und das fromme Mädchen dachte: Es ist dunkle Nacht, da sieht dich niemand, du kannst wohl dein Hemd weggeben, und zog das Hemd ab und gab es auch noch hin. Und wie es so stand und gar nichts mehr hatte, fielen auf einmal die Sterne vom Himmel und waren lauter harte blanke Taler. Und ob es gleich sein Hemdlein weggegeben, so hatte es ein neues an, und das war vom allerfeinsten Linnen. Da sammelte es sich die Taler hinein und war reich für sein Lebtag.

Brüder Grimm

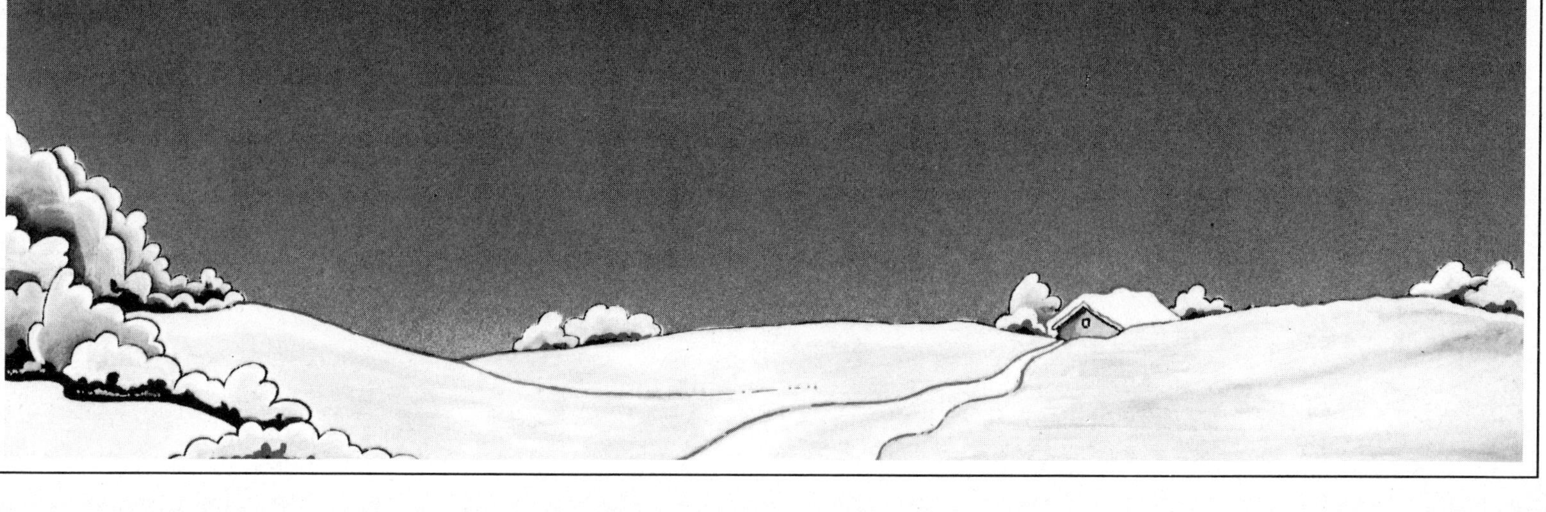

Nun kommen viele Sachen aus der Stadt in das Haus herein. Was mag es bedeuten, was mag es wohl sein?
Ein Schweigen umgibt sie, das Geheimnis ist groß, plötzlich ist im Haus etwas los. Dann ist einem, als hätte man alles schon einmal geträumt, daß Marzipanbäume den Lebensweg gesäumt. Die Erwartung dessen, was es verspricht, ist uns noch verborgen, wir kennen es nicht.

Als wäre unser heimliches Wünschen erfüllt, als hätte sich doch allmählich seines Entdeckens Sinn enthüllt.
Als wäre es für Konfekt und Pralinen bestimmt. Und es müßte so sein, folgt man diesem Buch geschwind.

Marzipankonfekt

AUS DER BACKSTUBE

Marzipankonfekt

Das braucht man:

75 g kernlose Rosinen
3 EL Rum
200 g Marzipan-Rohmasse
100 g Puderzucker
1 EL Makrönchen

Für den Guß:

Etwa 200 g halbbittere Schokoladenkuvertüre

Zum Bestreuen:

Sehr feingehackte Mandeln
sehr feingehackte Pistazien

So macht man's:

1. Rosinen waschen, abtropfen lassen, auf Küchenkrepp trockentupfen, in ein Schälchen geben, mit Rum begießen. So lange stehen lassen, bis sie den Rum vollständig aufgesogen haben.

2. Marzipan und Puderzucker zu einer glatten Masse verkneten.

3. Makrönchen grob zerhacken und zusammen mit den Rosinen unter die Marzipanmasse kneten. Aufpassen, die Rosinen sollten dabei nicht zerquetscht werden.

4. Marzipanmasse gut fingerdick auf Puderzucker ausrollen und runde oder eckige Pralinen ausstechen.

5. Schokoladenkuvertüre im Wasserbad zu einer glatten Masse verrühren. Marzipanstückchen einzeln hineintauchen und auf einem Kuchenrost abtropfen lassen.

6. Oberfläche der Pralinen mit gehackten Mandeln oder Pistazien bestreuen.

7. Nach Belieben jede Praline einzeln in durchsichtige Folie packen.

Trüffelrosetten

Das braucht man:

0,5 l süße Sahne
150 g gute Zartbitterschokolade
100 g gute Vollmilchschokolade
100 g Kokosfett
200 g Nußnougatmasse (fertig gekauft)
kleine Papier- oder Metallmanschetten

Zum Bestäuben:

Puderzucker
Kakao

So macht man's:

1. Sahne in einen Topf geben. In kleine Stükke geschnittene Schokolade und Kokosfett hinzufügen. Alles unter Rühren bei nicht zu starker Hitze zu einer glatten Masse verrühren. Erst dann einmal kurz aufkochen lassen und in eine Schüssel geben.

2. Nougatmasse in Stücke schneiden, in die Schokoladencreme geben und so lange rühren, bis eine einheitliche Masse entstanden ist. Kalt stellen, zwischendurch mal umrühren.

3. Erkaltete Masse mit den Quirlen eines elektrischen Handquirls schaumig aufschlagen.

4. Trüffelmasse in kleinen Portionen in einen Spritzbeutel mit kleiner, gezackter Tülle füllen und in die Papier- oder Metallmanschetten spritzen.

5. Trüffel zuerst mit einem Hauch Puderzucker und danach mit Kakao bestäuben. Im Kühlschrank fest werden lassen. In einer Dose aufbewahren.

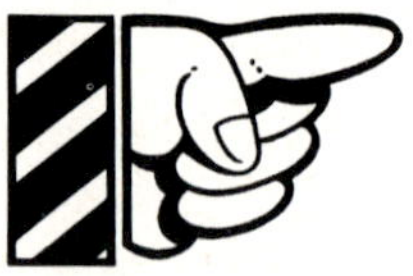

TIP

Zum Verschenken setzt man Pralinen und Konfekt in Förmchen oder Manschetten und legt sie in ein Kästchen, das man mit weißer oder bunter Watte ausgelegt hat. Das Kästchen oder eine leere Pralinenschachtel sollte man bemalen oder bekleben.

Rumkugeln

Das braucht man:

125 g Butter
125 g Puderzucker
1 EL Instant Kaffee
1 EL Kakao
4 EL Rum
200 g gemahlene Haselnußkerne
350 g geriebene, halbbittere Schokolade

Zum Wälzen:

Etwa 200 g Schokoladenstreusel

So macht man's:

1. Butter schaumig rühren und nach und nach Puderzucker, Kaffee, Kakao und Rum hinzufügen.

2. Haselnüsse und Schokolade mischen und locker mit der Masse verrühren. Sollte die Masse sehr weich sein, sie kurze Zeit kühl stellen.

3. Dann möglichst gleichgroße Kügelchen formen.

4. Schokoladenstreusel in ein Sieb geben und die Trüffel nacheinander darin wälzen. Sie sollten rundum mit Streuseln bedeckt sein.

5. Im Kühlschrank fest werden lassen. Nach Belieben einzeln in Manschetten verpakken oder nebeneinander in eine flache Dose legen.

Mandelkonfekt

Das braucht man:

1/2 TL Butter
1 EL Zucker
1 Päckchen Vanillezucker
200 g Mandelstifte
150 g Schokoladenraspel
50 g Kokosfett

So macht man's:

1. Butter, Zucker und Vanillezucker in einen Topf geben und bei schwacher Hitze (ohne Umrühren) zerlassen.

2. Mandelstifte hinzufügen und in der Masse goldgelb werden lassen. Kühl stellen.

3. Schokoladenraspel und Kokosfett bei schwacher Hitze im Wasserbad schmelzen lassen und zu einer glatten Masse verrühren.

4. Abgekühlte Mandelstifte (sollten sie zusammenkleben, grob zerreiben) mit der Schokomasse verrühren, leicht abkühlen lassen.

5. Dann mit zwei Teelöffeln längliche Häufchen auf ein geöltes Stück Alufolie setzen. Im Kühlschrank fest werden lassen.

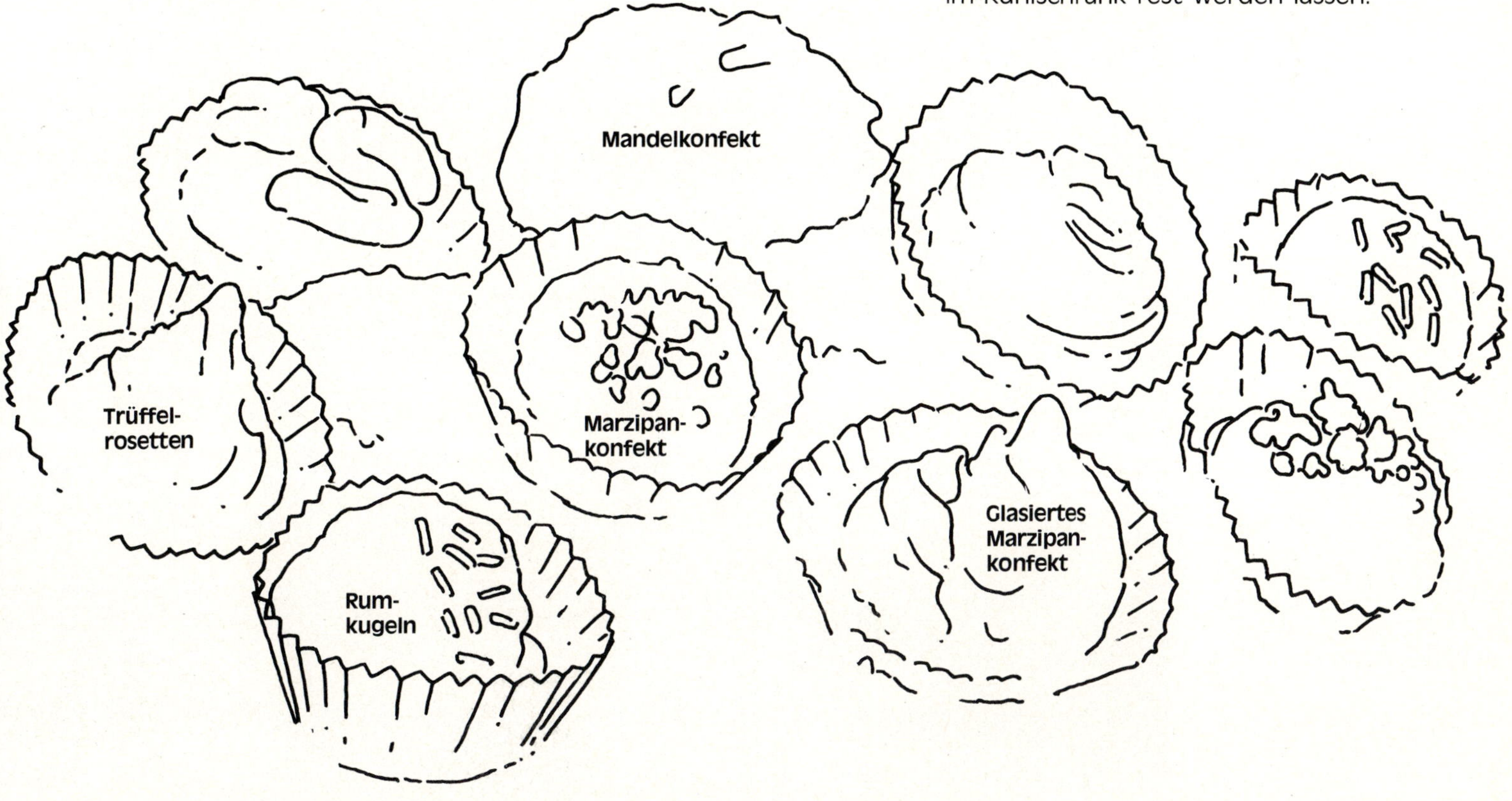

Kerzenlicht

Es ist das schönste Licht in dieser Zeit, in der es so früh schon dunkel wird. Lassen Sie Ihrer Phantasie freien Lauf und verwandeln Sie alles, was sich dazu eignet, in Kerzenhalter.

AUS DER BASTELSTUBE

Kerzenlicht

Das brauchen Sie:

Styropor-Halbkugel; Kiefernzapfen; braune Farbe; starken Blumendraht; Marmeladenglasdeckel; 1 langen, dünnen Nagel; braune Schnur (Makramee); dicke Kerze, die in den Deckel paßt.

Kiefernzapfen-Leuchter

Ausführung:

Um den Boden jedes Kiefernzapfens Blumendraht wickeln, den Draht durch die Styroporkugel, die zuvor braun angemalt wurde, ziehen und den Zapfen so auf der Kugel befestigen. Die Kugel dicht an dicht mit den Zapfen bestecken. Die Drahtenden auf der Innenseite der Kugel miteinander verknoten. In der oberen Mitte der Kugel Platz für die Kerze lassen. Schlagen Sie den Nagel durch den Marmeladenglasdeckel, ziehen Sie ihn wieder raus. Dann den Rand des Deckels mit der Schnur bekleben, den Nagel von unten durch die Mitte der Halbkugel und den fertigen Deckel stecken. Die Kerze findet nun auf dem Nagel Halt.

Förmchen-Leuchter

Im Haushaltswarengeschäft finden Sie die verschiedensten Metallbackförmchen. Für Weihnachten werden sie zweckentfremdet, indem passende Kerzen darauf geklebt werden.

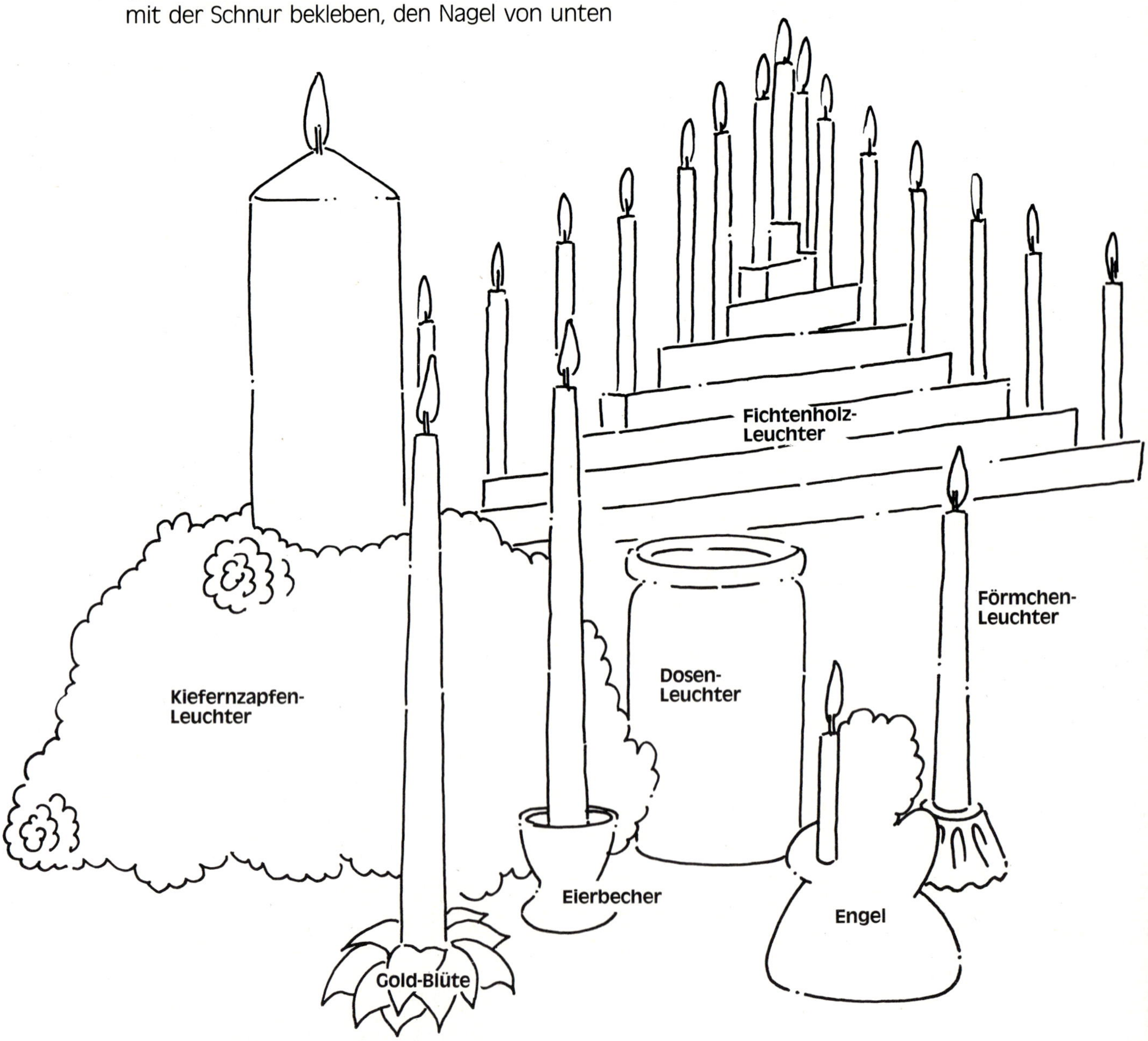

Das brauchen Sie:

Marmeladenglasdeckel; Nagel; Goldbronze, Goldfolie (für Metalldrückarbeiten).

Gold-Blüte
Ausführung:

In die Mitte des Deckels den Nagel schlagen. Den Rand mit Goldbronze bemalen. Dann aus der Folie 15 Blätter (siehe Abbildung) schneiden und Blattmuster mit Stricknadel oder ähnlichem eindrücken (auf weicher Unterlage).

Die Blätter nun blütenförmig auf den Nagel stecken. Die Kerze auf den Nagel drücken und anschließend die Blätter in gefälliger Form arrangieren.

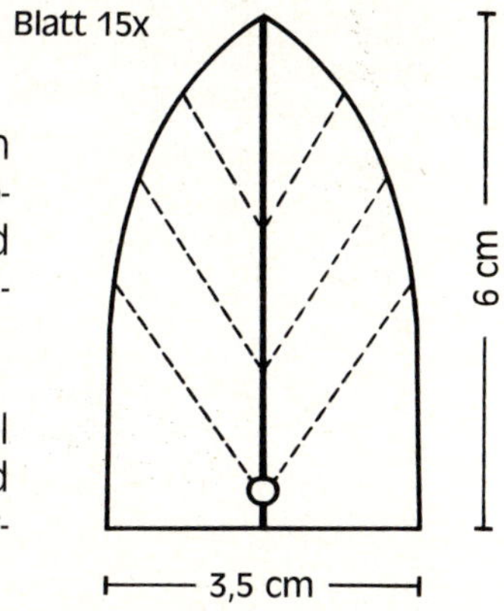

Das brauchen Sie:

Circa 2 m Fichtenleiste 2 x 2 cm; ein Stück Rundholz circa 17 cm, 7 mm ∅; Bohrmaschine; Bohrer 7 mm ∅; Fräser 1,5 cm ∅; Fuchsschwanz; Sandpapier.

Fichtenholz-Leuchter
Ausführung:

Leistenstücke laut Zeichnung absägen, Kanten und Ecken abschleifen, jeweils in der Mitte der Leiste ein 7-mm-Loch bohren. Die Leisten auf das Rundholz stecken. Als Kerzenhalter auf beiden Seiten jeder Leiste ein 5 mm tiefes Loch einfräsen. Holz farblos oder farbig lackieren.

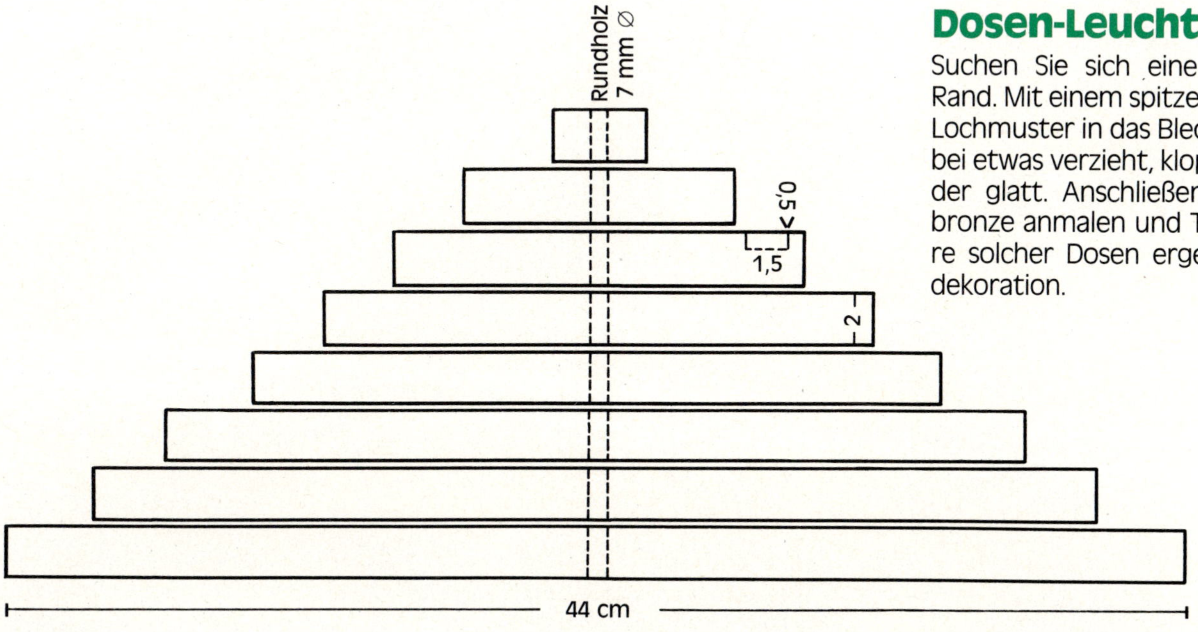

Dosen-Leuchter

Suchen Sie sich eine Blechdose mit glattem Rand. Mit einem spitzen Nagel hämmern Sie nun Lochmuster in das Blech. Wenn die Dose sich dabei etwas verzieht, klopfen Sie sie von innen wieder glatt. Anschließend mit Gold- oder Silberbronze anmalen und Teelicht einsetzen. Mehrere solcher Dosen ergeben eine reizvolle Tischdekoration.

Engel

Aus Ton oder Keramikmasse wird ein kleiner Engel modelliert, der in seinen Händen oder auf dem Kopf eine Kerze trägt.

Eierbecher

Plastikeierbecher mit Goldfarbe bemalen. Die Eierbecher "auf den Kopf" oder normal aufstellen und Kerzen mit Klebewachs einkleben.

Der Weihnachtsbäcker bin ich genannt, den Kindern wohl bekannt. Aber auch für Freunde backe ich gern, für Freunde aus nah und fern.
Mit welchem Gebäck könnte man mehr sagen, als mit Plätzchen, die Buchstaben tragen. Da legt man Arbeit und Liebe hinein und möchte gerne bei demjenigen sein, dem dieses Backwerk ist gemacht, man hätte es nur zu gern selbst überbracht.

Doch was nicht hat sollen sein, das packen wir ganz vorsichtig ein. Und eines macht das ganze Backen schön, wenn man vom anderen hört: Dankeschön.

Buchstaben-
knusperle

AUS DER BACKSTUBE

Buchstabenknusperle

Das braucht man:

300 g Mehl
2 gestrichene TL Backpulver
125 g feinen Zucker
1 Päckchen Vanillezucker
1 Fläschchen Rum-Aroma
4 EL kalte Milch
100 g Butter

Zum Bestreichen:

Dosenmilch

Zum Bestreuen:

Bunte Zuckerstreusel

So macht man's:

1. Mehl und Backpulver mischen, auf die Tischplatte sieben, in die Mitte eine Vertiefung drücken. Zucker, Vanillezucker, Rum-Aroma und Milch hineingeben. Mit einem Teil des Mehls zu einem dicken Brei verarbeiten.

2. In kleine Stücke geschnittene kalte Butter auf den Brei geben, mit etwas Mehl vom Rand bedecken und dann von der Mitte aus alle Zutaten schnell zu einem glatten Teig verkneten. Teig gut verpackt einige Zeit kühlstellen. Teig kann auch schon am Tag vorher zubereitet werden.

3. Kleine Portionen von dem Teig abschneiden, nochmals kurz durchkneten und auf einer mit Mehl bestäubten Platte dünn ausrollen. Aus dem Teig mit Zahlen- und Buchstabenstechförmchen oder Schablonen Plätzchen ausstechen und auf ein leicht gefettetes Backblech legen.

4. Buchstaben und Zahlen dünn und gleichmäßig mit Dosenmilch bestreichen und mit Zuckerstreuseln bestreuen.

5. Bei 175 - 200° (Gasherd Stufe 3 - 4) in der Mitte des Backofens in etwa 10 Minuten goldgelb backen.

6. Nach Belieben die Plätzchen nicht bestreichen und bestreuen, sondern nach dem Backen mit hellem oder dunklem Guß überziehen und mit silbernen Perlen, Blüten oder Schokostreuseln dekorieren.

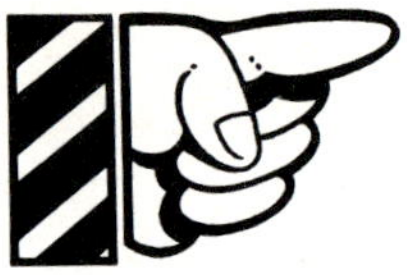

TIP

Die Buchstabenknusperle kann man auch als "Anhänger" für Weihnachtsgeschenke verwenden, wenn man die Initialen des zu Beschenkenden heraussucht, mit einem Zahnstocher ein Loch heraussticht, durch das man später bunte Bändchen, Gold- oder Silberkordeln ziehen kann.

Halbmonde

Das braucht man:

500 g Weizenmehl
1 TL Backpulver
250 g Zucker
1 Päckchen Vanillezucker
1 Msp. gem. Zimt
1 Msp. gem. Kardamom
1 Msp. gem. Nelken
1 Msp. gem. Muskatblüte
2 Eier
250 g Margarine
200 g Haselnußkerne

Für den Guß:

200 - 300 g halbbittere Kuvertüre

So macht man's:

1. Mehl und Backpulver vermischen und auf die Arbeitsfläche sieben.

2. In der Mitte eine Mulde eindrücken und Zucker, Vanillezucker, Gewürze und Eier hineingeben und mit einem Teil des Mehls zu einem dicken Brei verarbeiten.

3. In Stücke geschnittene Margarine und gehackte Haselnüsse daraufgeben, mit Mehl bedecken und zu einem glatten Teig verarbeiten.

4. Auf einer bemehlten Arbeitsfläche ca. 1/2 cm dick ausrollen, Halbmonde ausstechen und aufs Backblech legen.

5. Im vorgeheizten Ofen bei 175 - 200° (Gasherd Stufe 3 - 4) ca. 10 - 12 Minuten backen.

6. Die Kuvertüre bei schwacher Hitze geschmeidig rühren und die erkalteten Halbmonde jeweils mit den Spitzen hineintauchen.

100 + 101

Karl Heinrich Waggerl

Das Christkind und der Floh

Als Josef mit Maria von Nazareth nach Bethlehem unterwegs war, kam der Engel Gabriel heimlich noch einmal vom Himmel herab, um im Stalle nach dem Rechten zu sehen. Der Erzengel stöberte alles kleine Getier aus dem Stall, die Ameisen und Spinnen und die Mäuse; es war nicht auszudenken, was geschehen konnte, wenn sich die Mutter Maria vielleicht vorzeitig über eine Maus entsetzte! Nur Esel und Ochs durften bleiben. Gut so. Aber nicht lange gut, denn es saß noch ein Floh auf dem Boden der Krippe in der Streu und schlief. Dieses winzige Scheusal war dem Engel Gabriel entgangen, versteht sich, wann hatte auch ein Erzengel je mit Flöhen zu tun!
Als nun das Wunder geschehen war, und das kind lag leibhaftig auf dem Stroh, so voller Liebreiz und so rührend arm, da hielten es die Engel unter dem Dach nicht mehr aus vor Entzücken, sie umschwirrten die Krippe wie ein Flug Tauben. Etliche fächelten dem Knaben balsamische Düfte zu, und die anderen zupften und zogen das Stroh zurecht.
Bei diesem Geraschel erwachte aber der Floh in der Streu. Es wurde ihm gleich himmelangst, weil er dachte, es sei jemand hinter ihm her, wie gewöhnlich. Er fuhr in der Krippe herum und versuchte alle sein Künste, und schließlich, in der äußersten Not, schlüpfte er dem Kinde ins Ohr. "Vergib mir", flüsterte der atemlose Floh, "aber ich kann nicht anders, sie bringen mich um, wenn sie mich erwischen. Ich verschwinde gleich wieder, göttliche Gnaden, laß mich nur sehen, wie!" Er äugte also herum und hatte auch gleich seinen Plan. "Hör zu", sagte er, "wenn ich alle Kraft zusammennehme und wenn du stillhältst, dann könnte ich vielleicht die Glatze des Heiligen Josef erreichen, und von dort weg kriege ich das Fensterkreuz und die Tür..."
"Spring nur!", sagte das Jesuskind unhörbar, "ich halte still!"
Und da sprang der Floh. Aber es ließ sich nicht vermeiden, daß er das Kind ein wenig kitzelte, als er sich zurückdrückte und die Beine unter den Bauch zog. — In diesem Augenblick rüttelte die Mutter Gottes ihren Gemahl aus dem Schlaf.
"Ach, sieh doch", sagte Maria selig, "es lächelt schon!"

Nehmen Sie eine nette Zeichnung Ihrer Kinder als Vorlage und sticken Sie sie nach. Hübsch gerahmt, freuen sich darüber Opa und Oma, Onkel und Tante.

Gestickte Kinderzeichnungen

AUS DER BASTELSTUBE

Gestickte Kinderzeichnungen

Das brauchen Sie:

Kinderzeichnungen als Vorlagen; MEZ-Sticktwist in den entsprechenden Farben; Stoff zum Besticken (z.B. Grasleinen "Cavan" natur); Sticknadeln; Bilderrahmen aus unbehandeltem Fichtenholz in passender Größe; Farbe oder Beize zum Färben des Rahmens.

Ausführung:

Machen Sie eine Fotokopie Ihrer Kinderzeichnung. Pausen Sie die Kopie in vereinfachter Form auf Papier ab. Dann diese Zeichnung auf den Stoff übertragen. Den Stoff in Stickrahmen spannen und die Zeichnung mit ungeteiltem MEZ-Sticktwist aussticken.
Die abgebildeten Kinderzeichnungen wurden mit folgenden Stickstichen gearbeitet: Stielstich, Steppstich, Kettenstich, Hexenstich, Knötchenstich, Plattstich, Spannstich. (Weitere Stichvorlagen siehe Seite 218)

Fertigstellung:

Holzrahmen passend zur Stickerei anmalen. Pappe zuschneiden, die knapp in den Rahmen paßt. Auf die Pappe eventuell dünne Schicht Watteline kleben. Das Stichbild darüberspannen, aufpassen, daß das Bild fadengerade bleibt. Rückseite des Bildes abfüttern. Das Bild in den Rahmen geben, zweite Pappscheibe darüberlegen und die Ränder mit Klebeband überkleben.

Hier noch zwei andere Vorschläge für Geschenke, die Mütter mit Kindern zusammen basteln können:

Patchwork-Kissen

Die Kinder setzen aus bunten Stoffrestchen ein lustiges Bild zusammen. Mama legt das Bild dann auf einen Stoffuntergrund, heftet die Teile fest und steppt dann mit der Nähmaschine alle Ränder fest.
Je nach Zeit und Fähigkeiten werden diese Ränder jetzt von Hand mit Zierstichen überstickt oder mit der Maschine in dichtem Zick-Zackstich überkurbelt. Das fertige Patchwork kann dann in einen Bilderrahmen gespannt werden oder es findet Verwendung als Kissenplatte.

Fadenbilder

Hier entwerfen wieder die Kinder die Weihnachtsbilder. Sie werden auf festes Zeichenpapier oder leichten Karton gemalt. Anschließend kleben die Kinder mit Mamas Hilfe die Flächen ganz mit bunten Wollfäden aus.

Knötchenstich

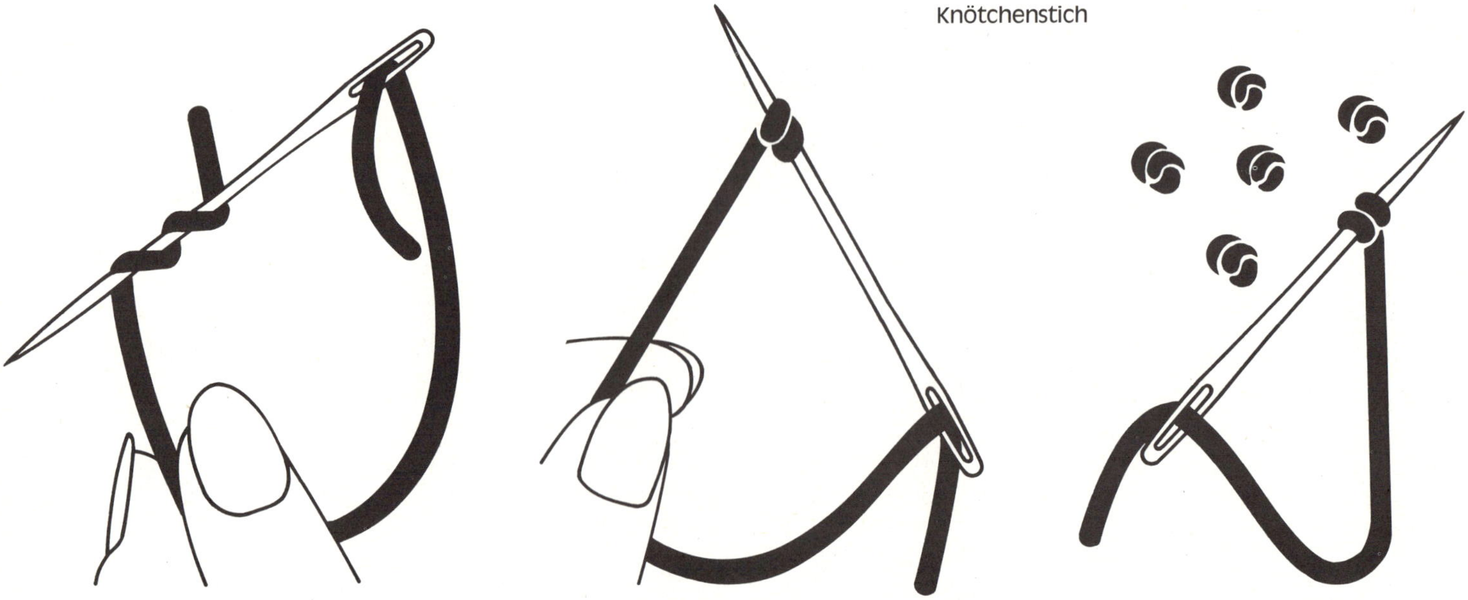

1 2 3

Der Schatz des Kindes

Und man sagt dir, die Gesichter in dieser Nacht seien anders als sonst. Denn sie erwarten ein Wunder. Und du siehst, wie die Alten alle ihren Atem anhalten und gebannt auf die Augen der Kinder schauen und sich auf großes Herzklopfen gefaßt machen. Denn in den Augen dieser Kinder wird etwas Unfaßbares geschehen, das nicht mit Gold aufzuwiegen ist. Das ganze Jahr hindurch hast du es aufgebaut: durch die Erwartung und durch Versprechen und vor allem durch deine wissenden Mienen und deine geheimen Anspielungen und die Unermeßlichkeit deiner Liebe. Und dann wirst du irgendein unscheinbares Spielzeug aus gefirnißtem Holz vom Baume nehmen und es dem Kinde reichen, wie es der Überlieferung deiner Bräuche entspricht. Und das ist der Augenblick. Und keiner wagt mehr zu atmen. Und das Kind klappt mit den Lidern, denn man hat es frisch aus dem Schlafe geholt. Und nun sitzt es auf deinen Knien mit dem frischen Geruch des Kindes, das man eben aus dem Schlafe geholt hat, und wenn es dir um den Hals fällt, bereitet es dir einen Brunnen fürs Herz, nach dessen Wasser dich dürstet. (Und das ist der große Kummer der Kinder, daß man ihnen einen Quell ausraubt, der in ihnen ist und den sie selbst nicht kennen und zu dem alle trinken kommen, die im Herzen gealtert sind, um wieder jung zu werden.) Aber es ist jetzt nicht die Zeit für Küsse. Und das Kind blickt auf den Baum und du blickst auf das Kind. Denn wie eine seltene Blume, die einmal im Jahre unter dem Schnee hervorsprießt, gilt es, sein verwundertes Staunen zu pflücken. Und sieh, da macht dich eine gewisse Farbe der Augen ganz glücklich. Sie werden dunkel, und plötzlich, sobald das Geschenk es berührt hat, umschlingt das Kind seinen Schatz, um innen sein Licht zu empfangen, so wie die Seeanemonen das tun. Und es würde fliehen, wenn du es fliehen ließest. Und du kannst nicht mehr hoffen, es einzuholen. Sprich nicht zu ihm, es hört dich nicht mehr. Sage mir nur nicht, diese kaum veränderte Farbe sei ohne Gewicht. Denn selbst wenn sie für dein Jahr und den Schweiß deiner Arbeit und das Bein, das du im Kriege verloren hast, und deine durchgegrübelten Nächte und die Kränkungen und Leiden, die du erduldest, der einzige Lohn wäre — sie würde dich doch jetzt entschädigen und dich mit Staunen erfüllen.

Antoine de Saint-Exupéry

Bald leuchten wieder die Weihnachtskerzen und wecken Freude in allen Herzen.
Ihr lieben Leute, in diesen Tagen, was sollen wir singen, was sollen wir sagen?
Wir backen zum heiligen Feste vom Schönen das Schönste, vom Guten das Beste!
Man macht es ganz einfach, schlägt Eiweiß zu Schnee, schiebt's in das Backrohr, macht daraus Baiser.
Ob Kringel, ob Sternform, ob Kreis oder Herzen, die Idee, die muß brennen wie Kerzen.
Wir wollen nur danken für alle Gaben und wollen Euch immer noch lieber haben.

106 + 107

Baisers

AUS DER BACKSTUBE

Rosa Baiserherzen

Das braucht man:

4 Eiweiß
225 g sehr feinen Zucker
2 TL Zitronensaft
2 — 3 Tropfen rote Lebensmittelfarbe oder roten Saft

So macht man's:

1. Eiweiß zu sehr steifem Schnee schlagen, bis ein Messerschnitt sichtbar bleibt. Nach und nach 2/3 des Zuckers und den Zitronensaft hinzufügen. So lange weiterschlagen, bis die Masse zäh wird. Jetzt restlichen Zucker unterschlagen.

2. Baisermasse mit Lebensmittelfarbe (färbt stark) oder Saft (nicht zu viel hinzufügen, Masse wird sonst zu weich) rosa färben.

3. In einen Spritzbeutel mit gezackter Tülle füllen und auf ein mit Backpapier ausgelegtes Backblech Herzen in unterschiedlicher Größe spritzen.

4. Bei 110 - 130° (Gasherd Stufe 1) in 70 - 100 Minuten langsam trocknen lassen. Das Gebäck darf nur leicht aufgehen.

5. Herzen vorsichtig vom Backpapier lösen, auf einen Kuchenrost legen und dort noch einige Zeit weiter trocknen lassen.

TIP

Die Herzen kann man an rosa Samtbändchen aufhängen oder einzeln in getönter Klarsichtfolie verpacken. Man kann sie auch als „Anhängsel" auf ein anderes Geschenk legen oder anbinden.

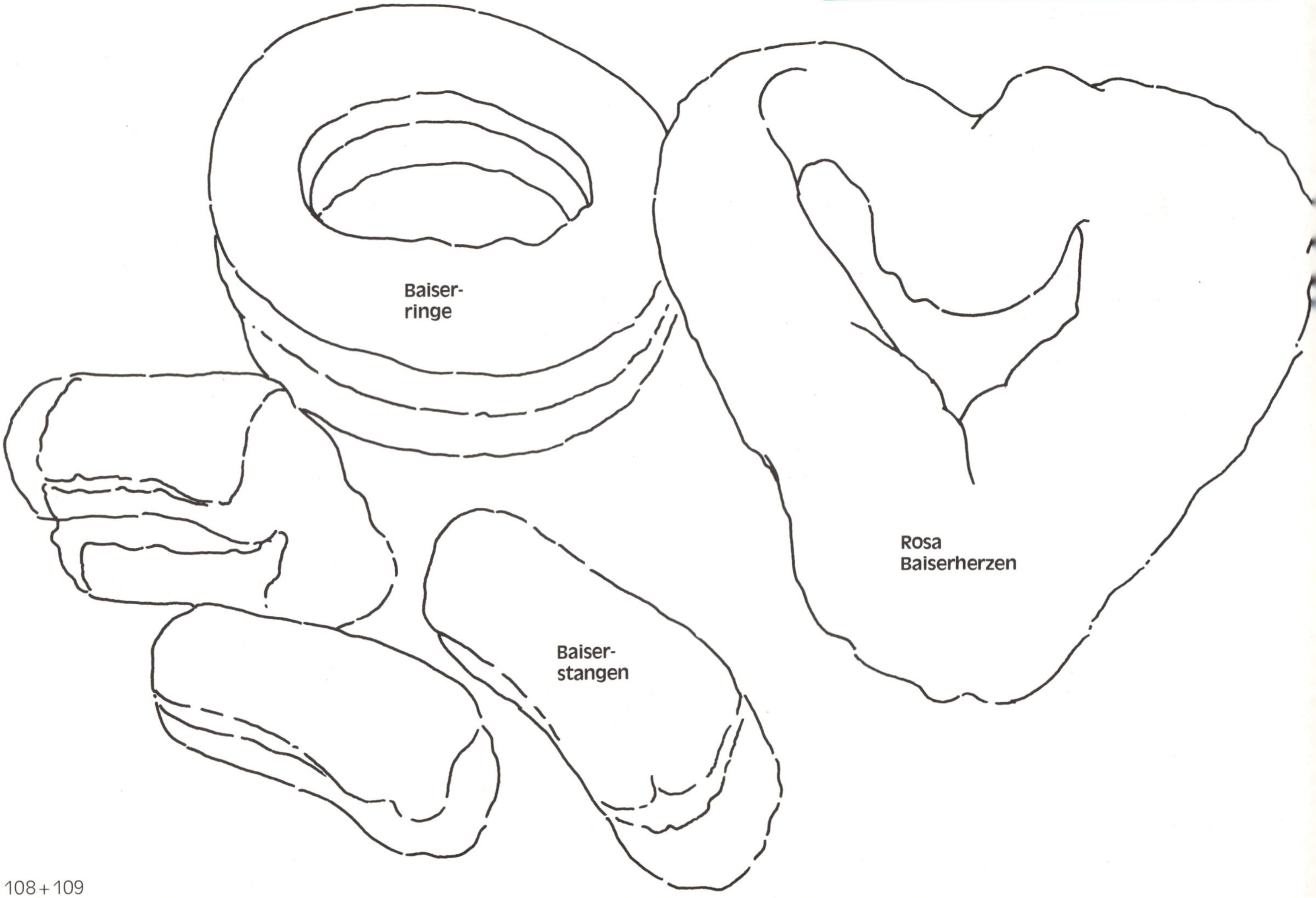

Gefüllte Baiserstangen

Das braucht man:

2 Eiweiß
100 g sehr feinen Zucker
75 g abgezogene, sehr fein gemahlene Mandeln

Für die Füllung:

25 g Butter
50 g Puderzucker
2 TL Kakao

Für den Guß:

Halbbittere Schokoladenkuvertüre

So macht man's:

1. Eiweiß zu sehr steifem Schnee schlagen. Nach und nach Zucker unter ständigem Schlagen einrieseln lassen. Mandeln locker unter die Baisermasse ziehen.

2. Masse in einen Spritzbeutel mit glatter Tülle füllen. Auf ein mit Backpapier ausgelegtes Backblech etwa 5 cm lange Stangen spritzen.

3. Bei 110 - 130° (Gasherd Stufe 1) in 70 - 100 Minuten langsam trocknen lassen. Das Gebäck darf nur leicht aufgehen und sich schwach gelblich färben.

4. Inzwischen schaumig gerührte Butter mit gesiebtem Puderzucker und Kakao zu einer glatten Masse rühren. Sollte sie zu fest sein, mit einigen Tropfen Sherry geschmeidig machen.

5. Baiserstangen vorsichtig vom Backpapier lösen, auf einem Kuchenrost vollkommen auskühlen lassen. Jeweils 2 Stangen mit etwas von der Creme zusammensetzen.

6. Enden der Stangen in aufgelöste Schokoladenkuvertüre tauchen. Auf einem Kuchenrost fest werden lassen.

7. Baiserstangen nach Belieben mit einer Vanillecreme oder Nußnougatmasse zusammensetzen.

Baiserringe

Das braucht man:

4 Eiweiß
200 g sehr feinen Zucker

Für die Füllung:

200 g Nußnougatmasse

Für den Guß:

Etwas aufgelöste Schokoladenkuvertüre

So macht man's:

1. Eiweiß zu sehr steifem Schnee schlagen (ein Messerschnitt muß sichtbar bleiben). Zucker nach und nach unter ständigem Schlagen einrieseln lassen.

2. Baisermasse in einen Spritzbeutel mit glatter oder gezackter Tülle füllen. Auf ein mit Backpapier ausgelegtes Backblech Ringe in möglichst gleicher Größe spritzen.

3. Bei 110 - 130° (Gasherd Stufe 1) in der Mitte des Backofens in etwa 100 Minuten mehr trocknen als backen. Eventuell einen Holzlöffel in die Backofentür klemmen, damit das Gebäck nicht zu schnell trocknet.

4. Ringe vorsichtig vom Backpapier lösen und auf einem Kuchenrost noch einige Zeit weiter trocknen lassen.

Inzwischen Nußnougatmasse zu einer geschmeidigen Masse verrühren. Jeweils 2 Ringe mit der Masse zusammensetzen und nebeneinander auf ein Stück Pergamentpapier legen.

5. Ringe unregelmäßig mit der aufgelösten Kuvertüre besprenkeln.

In Hinterglasmalerei ist dieses Bild auf verschiedenen Ebenen gemalt. Es besteht aus drei einzelnen Bildern, die, übereinandergebracht, besonderen Reiz ausstrahlen.

Krippenbild

AUS DER BASTELSTUBE

Krippenbild - dreidimensional

Das brauchen Sie:

Drei gleichgroße Wechselrahmen mit Glasscheiben, (die Rahmen müssen ganz glatt auf der Vorderseite sein, damit sie später aufeinander geleimt werden können); Konturenstift für Hinterglasmalerei; Plakafarben oder Hinterglasmalfarben; Goldfarbe; Glitter; Pinsel; blauen Karton; Bilderrahmenstifte.

Ausführung:

Nehmen Sie die Glasscheiben aus den Rahmen, putzen Sie die Scheiben gut. Dann übertragen Sie die Schnittzeichnung in Originalgröße auf Papier.

Legen Sie das Papier unter die Glasscheibe und zeichnen das Muster mit dem Konturenstift nach. Wenn alle Scheiben so vorbereitet sind, können Sie die Flächen mit der Farbe ausmalen. Zum Schluß Gold und Glitter auftragen.

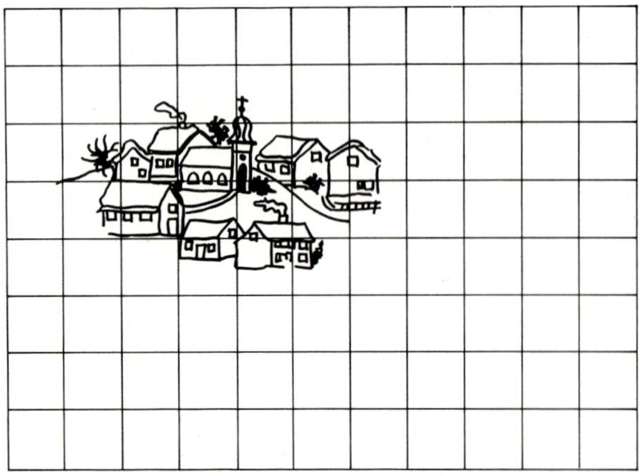

Die fertigen Scheiben werden in die jeweiligen Rahmen geklebt und an später unsichtbarer Stelle (Ecken) mit Bilderrahmenstiften vorsichtig fixiert. Beim hintersten Rahmen wird ein Stück blauer Karton eingelegt und der Rahmen mit der Originalrückseite des Wechselrahmens geschlossen.
Jetzt die Rahmen übereinanderlegen und eventuell Unebenheiten mit Sandpapier ausgleichen. Die Gläser danach vorsichtig entstauben. Wenn die Rahmen dicht aufeinanderliegen, können Sie zusammengeklebt werden.
Wer will, kann das Holz nun noch lackieren.

Ich steh' an deiner Krippen hier

Ich steh' an deiner Krippen hier,
O Jesu, du mein Leben;
Ich komme, bring und schenke dir,
Was du mir hast gegeben.
Nimm hin, es ist mein Geist und Sinn,
Herz, Seel und Mut, nimm alles hin
Und laß dir's wohlgefallen.

Da ich noch nicht geboren war,
Da bist du mir geboren
Und hast mich dir zu eigen gar,
Eh ich dich kannt, erkoren.
Eh ich durch deine Hand gemacht,
Da hast du schon bei dir bedacht,
Wie du mein wolltest werden.

Ich lag in tiefer Todesnacht,
Du warest meine Sonne,
Die Sonne, die mir zugebracht
Licht, Leben, Freud und Wonne.
O Sonne, die das werte Licht
Des Glaubens in mir zugericht,
Wie schön sind deine Strahlen.

Ich sehe dich mit Freuden an
Und kann mich nicht satt sehen,
Und weil ich nun nichts weiter kann,
Bleib ich anbetend stehen.
O daß mein Sinn ein Abgrund wär
Und meine Seel ein weites Meer,
Daß ich dich möchte fassen!

Knusperhäuschen

O schöne, herrliche Weihnachtszeit,
was bringst du Lust und Fröhlichkeit!
Wenn der heilige Christ in jedem Haus teilt seine lieben Gaben aus.
Und ist das Häuschen noch so klein,
so kommt der heilige Christ hinein.
Und alle sind ihm lieb wie die Seinen,
die Armen und Reichen, die Großen und Kleinen.
Und geht's auch hier nur um unser kleines KNUSPERHAUS, Weihnachten geht auch dort ein und aus.
Wir bauen es lecker und fein,
denn es wird ein Stück unserer Empfindungen sein.
Und ist es endlich dann gelungen,
wird's bald unterm Weihnachtsbaum besungen.

114+115

AUS DER BACKSTUBE

Knusperhäuschen

Das braucht man:

Feste Pappe
rote Blattgelatine

Für den Teig:

200 g Honig
100 g Zucker
etwas Salz
50 g Margarine
2 Eier
1 TL gemahlenen Zimt
4 Tropfen Bittermandelöl
500 g Mehl
1 Päckchen Backpulver

Für den Guß:

Etwa 200 — 400 g Puderzucker
Eiweiß

Zum Bestreuen:

Puderzucker
Kokosraspel

Zum Verzieren:

Schokoladentaler
Schokolinsen
Nüsse
Süßigkeiten jeglicher Art sind geeignet, nur sollten die Teile nicht zu groß sein.

So macht man's:

1. Zuerst das Muster der Schablone auf Pappe übertragen und bis auf das Dach zu einem Häuschen zusammensetzen. Fenster von innen mit roter Gelatine bekleben. Aus weißem Pappstreifen ein Fensterkreuz einkleben.

2. Für den Teig Honig, Zucker, Salz und Margarine zerlassen, so lange erwärmen, bis sich alle Zutaten aufgelöst haben. Anschließend in eine Rührschüssel geben und kalt stellen.

3. Unter die fast erkaltete Masse Eier, Gewürze und 2/3 des mit Backpulver gemischten Mehls geben.

4. Rest des Mehls mit dem Teigbrei zu einem festen Teig verkneten. Sollte er kleben, noch etwas Mehl hinzufügen.

5. Teig halbieren und jede Hälfte auf einem gefetteten Backblech zu einer Größe von etwa 30 x 40 cm circa 1 cm dick ausrollen.

6. Bei 200 - 220° (Gasherd Stufe 3 - 4) etwa 10 Minuten backen. Der Teig darf nicht zu hart werden, dann läßt er sich schlecht schneiden.

7. Sofort und solange der Teig noch heiß ist, aus einer Teigplatte, wie auf der Schablone beschrieben, die Teile ausschneiden. Aus dem restlichen Teig Stäbchen für den Zaun schneiden.

8. Für den Guß gesiebten Puderzucker mit so viel Eiweiß verrühren, daß eine dickflüssige Masse entsteht.

9. Eine Teigplatte als Bodenfläche mit dem Guß auf den dazugehörigen Karton kleben. Gebäckteile für die Wände auf das schon vorbereitete, zusammengeklebte Häuschen kleben und dann mit etwas Zuckerguß auf die Bodenfläche setzen.

Bastelanleitung
(siehe Seite 194)

10. Honigkuchenplatten für das Dach auf den in der Mitte gefalteten Karton kleben und danach schuppenförmig mit Schokolinsen oder Schokoladenplättchen bekleben oder mit Zuckerguß Dachziegel aufspritzen. Trocknen lassen.

11. Hauswände mit buntem Zuckerwerk bekleben oder etwas Guß in ein Pergamenttütchen füllen und auf die Wandflächen ein Backmuster spritzen. Einzelne Steine mit Liebesperlen und anderen sehr kleinen Süßigkeiten verzieren.

TIP

Die Figuren kann man sich auch kaufen und vor das Hexenhaus stellen. Wer sich aber besonders viel Mühe machen will, kann sie ebenfalls aus dem gleichen Teig ausschneiden und entsprechend "Gesicht" geben.

12. Dach auf dem Haus ankleben. Einen Kamin aus 4 zusammengesetzten Schokotäfelchen formen, Lebkuchenteig oder andere Ornamente aufkleben. Etwas Watte als Rauch hineinstecken.

13. Tür ebenfalls bunt oder nur mit Guß verzieren und leicht geöffnet in die Türöffnung kleben.

14. Dachkanten des Häuschens mit Eiszapfen aus Guß versehen.

15. Für den Zaun die Stäbchen rund um das Haus setzen und darauf eine goldene oder silberne Liebesperle.

16. Figuren (Hänsel, Gretel, Hexe und Kater) ausschneiden und mit auf die Bodenplatte kleben.

17. Knusperhäuschen mit Puderzucker überstäuben und leicht mit Kokosraspeln bestreuen.

Weihnachten

Markt und Straßen steh'n verlassen,
still erleuchtet jedes Haus.
Sinnend geh' ich durch die Gassen,
alles sieht so festlich aus.

An den Fenstern haben Frauen
buntes Spielzeug fromm geschmückt;
tausend Kindlein steh'n und schauen,
sind so wunderstill beglückt.

Und ich wand're aus den Mauern
bis hinaus ins freie Feld,
hehres Glänzen, heil'ges Schauern!
Wie so weit und still die Welt!

Sterne hoch die Kreise schlingen;
aus des Schnees Einsamkeit
steigt's wie wunderbares Singen-:
O du gnadenreiche Zeit!

Joseph von Eichendorff

Die meisten Weihnachtsgrüße sind so hübsch, daß sie zu schade zum Wegwerfen sind. Schnell nachgemacht ist diese "Wäscheleine", an der die Karten an vergoldeten Klammern flattern.

Weihnachtskarten

"Friede auf Erden,
und den Menschen
ein Wohlgefallen!"

AUS DER BASTELSTUBE

Weihnachtskarten-Ecke

Das brauchen Sie:

Wäscheklammern aus Holz; Seidenkordel; Sternpailletten oder kleine Klebesternchen; Goldbronze.

Ausführung:

Die Wäscheklammern werden von allen Seiten vergoldet. Nach dem Trocknen die Glitzersternchen auf die Klammern kleben. Die Kordel wie eine Wäscheleine in einer Zimmer- oder Dielenecke befestigen.

Nun alle Weihnachtskarten, die Sie in der Weihnachtszeit bekommen, mit den Klammern an der Kordel aufhängen.

Übrigens:

Diese Bastelarbeit können Kinder auch ganz alleine durchführen. Sie freuen sich dann auch besonders, wenn neue Karten ins Haus schneien und aufgehängt werden.

Was man sonst noch mit Weihnachtskarten machen kann:

Sammeln Sie zunächst mal eine Weile die eintreffenden Weihnachtskarten. Wenn genug beieinander sind, schneiden Sie die schönsten Motive aus. Auf einem farbigen Plaka-Karton breiten Sie die einzelnen Motive aus und ordnen sie zu einem großen Weihnachtsklebebild.

Die neu eintreffenden Karten werden dann passend zu den bereits vorhandenen Motiven ausgesucht und ausgeschnitten. So wäre zum Beispiel eine Versammlung der verschiedensten Weihnachtsmänner ein Motiv für so ein Kartenklebebild. Oder es werden alle Engel und Kerzen zu einem Bild zusammengestellt. Wer etwas surrealistisch veranlagt ist, sucht sich noch aus alten Karten einen Osterhasen, den er mit im Bild unterbringt.

O du fröhliche

O du fröhliche, o du selige,
Gnadenbringende Weihnachtszeit!
Welt ging verloren, Christ ward geboren.
Freue, freue dich, o Christenheit!

O du fröhliche, o du selige,
Gnadenbringende Weihnachtszeit!
Christ ist erschienen,
Uns zu versühnen:
Freue, freue dich, o Christenheit!

O du fröhliche, o du selige,
Gnadenbringende Weihnachtszeit!
Himmlische Heere
Jauchzen dir Ehre:
Freue, freue dich, o Christenheit!

Es treibt der Wind im Winterwalde die Flockenherde wie ein Hirt. Und manche Tanne ahnt, wie bald sie fromm und lichterheilig wird. Sie lauscht hinaus. Den weißen Wegen streckt sie die Zweige hin — bereit. Und wehrt dem Wind und wächst entgegen, der einen Nacht der Herrlichkeit. Wohl dem, der kann dem Kitsch entsagen, der allzu billig Festlichkeit. Erfüllung liegt in diesen Tagen, auch in der Küchenfertigkeit.

Was macht's da schon, wenn mancher Teig nicht so, wie er gedacht. Das Dabeisein ist's, was Freude macht. Und ist das Werk dann erst vollendet, hängt duftend dran, am Weihnachtsbaum, dann ist das Schlichte seiner Wirkung eben mehr als industrieller "Weihnachtstraum".

Christbaum-gebäck

AUS DER BACKSTUBE

Christbaumsterne

Das braucht man:

125 g Honig
200 g Zucker
1 Päckchen Vanillezucker
4 EL Milch
150 g Margarine
3 Tropfen Bittermandelöl
1 TL gemahlenen Zimt
400 g Mehl
1 EL Kakao
100 g Speisestärke
1 Päckchen Backpulver

Zum Verzieren:

200 g Zitronenglasur
Zuckerperlen
Zuckerblümchen

So macht man's:

1. Honig, Zucker, Vanillezucker, Milch und Margarine langsam erwärmen, bis sich der Zucker vollkommen gelöst hat. In eine Rührschüssel geben und kalt stellen.

2. Unter die fast erkaltete Masse Bittermandelöl und Zimt rühren.

3. Mehl, Kakao, Speisestärke und Backpulver mischen, sieben und 2/3 davon unter den Teig kneten. Sollte der Teig kleben, einfach noch etwas Mehl unterkneten.

4. Den Teig etwa 1/2 cm dick ausrollen und Sterne oder andere dekorative Motive ausstechen.

5. Damit man die Sterne oder die anderen Motive bequem aufhängen kann, ein kleines Loch ausstechen. Auf ein mit Backpapier ausgelegtes Backblech legen.

6. Bei 175 - 200° (Gasherd Stufe 3 - 4) 10 - 15 Minuten in der Mittelschiene des Backrohres backen.

7. Christbaumsterne oder andere Motive auf einem Kuchenrost auskühlen lassen.

8. Zitronenglasur im Wasserbad zu einer glatten Masse verrühren. So viel Wasser hinzufügen, daß eine spritzfähige Masse entsteht. Guß in ein Pergamentpapiertütchen füllen und die Sterne damit verzieren. Mit Zuckerperlen oder -blümchen garnieren.

Schneemannfamilie

Das braucht man:

100 g Honig
50 g Zucker
1 Prise Salz
25 g Margarine
1 EL Wasser
1 Ei
1/2 TL gemahlenen Zimt
1/2 Fläschchen Rum-Aroma
250 g Mehl
1 EL Kakao
3 gestrichene TL Backpulver

Für den Guß:

Etwa 200 g Puderzucker
Eiweiß

Zum Verzieren:

Zuckerperlen
kandierte Früchte
Rosinen
Nußkerne

So macht man's:

1. Honig, Zucker, Salz, Margarine und Wasser in einen Topf geben, zerlassen und so lange weiter erwärmen, bis sich der Zucker vollkommen gelöst hat. In eine Schüssel geben und kalt stellen.

2. Unter die fast erkaltete Masse Ei, Zimt, Rum-Aroma rühren.

3. Mehl, Kakao und Backpulver mischen, sieben und 2/3 davon nach und nach unterrühren. Restliches Mehl unter den Teig kneten. Sollte der Teig kleben, noch etwas Mehl unterkneten.

4. Teig auf einem gefetteten Backblech zu einer Größe von etwa 30 x 40 cm ausrollen.

5. Bei 175 - 200° (Gasherd Stufe 3 - 4) etwa 10 Minuten backen. Der Teig darf nicht zu hart werden.

6. Sofort nach dem Backen aus dem Teig Schneemänner unterschiedlicher Größe ausschneiden. Dazu fertigt man sich vorher Schablonen, die man dann auf den Teig legt. Man muß die Schneemänner gut festhalten und mit einem spitzen Messer rundum ausschneiden.

7. Schneemänner auskühlen lassen. Gesiebten Puderzucker mit so viel verquirltem Eiweiß verrühren, daß ein sehr dickflüssiger Guß entsteht. Schneemänner gleichmäßig auf der Oberfläche damit bestreichen.
In den Guß mit Zuckerperlen "Augen" legen. Als "Knöpfe" Rosinen oder Nußkerne nehmen. Für "Mund" und "Nase" kandierte Früchte passend schneiden.

8. Wer die Schneemannfamilie an einen Tannenzweig hängen will, sollte in dem Hut ein kleines Loch ausstechen. Dadurch später das Bändchen ziehen.

Nikolausstiefel

Das braucht man:

250 g Honig
175 g Zucker
1 Päckchen Vanillezucker
2 Eier
5 Tropfen Zitronen-Aroma
1/2 gestrichenen TL gemahlenen Ingwer
1 Messerspitze Kardamom
abgeriebene Muskatnuß
1/2 gestrichenden TL gemahlene Nelken
1 TL gemahlenen Zimt
500 g Mehl
1 Päckchen Backpulver
125 g sehr feingehackte Mandeln
75 g in sehr feine Würfel geschnittenes Zitronat

Zum Bestreichen:

Milch

Zum Belegen:

Halbierte, abgezogene Mandeln

Für den Guß:

Etwa 150 g Puderzucker
Eiweiß

So macht man's:

1. Honig, Zucker und Vanillezucker zerlassen und so lange weiter erwärmen, bis sich der Zucker vollkommen gelöst hat. Kalt stellen.

2. Unter die fast erkaltete Masse nach und nach Eier, Zitronen-Aroma und Gewürze rühren.

3. Mehl und Backpulver mischen, sieben und 2/3 davon eßlöffelweise unter den Teig rühren.

4. Restliches Mehl zusammen mit Mandeln und Zitronat unter den Teig kneten. Sollte er kleben, noch etwas Mehl hinzufügen.

5. Teig etwa 1/2 cm dick auf einer mit Mehl bestäubten Platte ausrollen. Aus Pappe eine Stiefelschablone fertigen, auf den Teig legen und mit einem spitzen, in Mehl getauchten Messer die Form ausschneiden. Nach Belieben große und kleine Stiefel ausschneiden. Wer die Stiefel aufhängen will oder als Geschenkanhänger verwenden möchte, sollte im Stiefelrand ein kleines Loch ausstechen.
Auf ein mit Backpapier ausgelegtes Backblech legen.

6. Stiefel gleichmäßig mit Milch bestreichen und mit halbierten Mandeln belegen. Oberfläche der Mandeln ebenfalls mit Milch bestreichen.

7. Bei 175 - 200° (Gasherd Stufe 3 - 4) 10 - 15 Minuten backen. Auf einem Kuchenrost auskühlen lassen.

8. Für den Guß Puderzucker sieben und mit so viel verquirltem Eiweiß verrühren, daß eine sehr dickflüssige Masse entsteht. Guß in ein Pergamenttütchen füllen und die Stiefel dekorativ damit verzieren.

Marzipan-Schneemann

Das braucht man:

250 g Marzipan-Rohmasse
150 g Puderzucker

Zum Verzieren:

Schokoladenkuvertüre
kandierte Früchte
Korinthen

So macht man's:

1. Marzipan-Rohmasse und gesiebten Puderzucker zu einer glatten Masse verkneten.

2. Aus gut der Hälfte der Masse eine Kugel formen. Kugel knapp 1/3 in aufgelöste Kuvertüre tauchen und sie dann so auf Alufolie stellen, daß die Kuvertüre einen "Fuß" bildet.

3. Einen Holzspieß so von oben in die Kugel stecken, daß er zur Hälfte herausschaut.

4. Aus dem restlichen Marzipan eine kleinere Kugel als Kopf und einen passenden Hut dafür formen. Beide Teile auf das Hölzchen stecken. Hut leicht mit Kuvertüre besprenkeln.

5. Aus kandierten Früchten Mund, Nase und Augen schneiden und in den Kopf drükken.

6. Korinthen leicht in Kuvertüre tauchen und als Knöpfe auf den Bauch des Schneemanns drücken. Erst wenn die Kuvertüre völlig fest ist, den Schneemann in Cellophanpapier verpacken und mit Bändchen und Tannenzweig dekorieren.

7. Zum Aufhängen versieht man die Schneemänner mit einer Silberkordel.

Sie stehen nicht nur fleißigen Weihnachtsbäckerinnen. Auch wer werkelt, kann so eine bemalte Schürze brauchen, besonders wenn ein Heinzelmännchen fröhlich aus der Tasche guckt.

Dekorative Schürzen

AUS DER BASTELSTUBE

Dekorative Schürzen

Das brauchen Sie:

Eine Damen- und eine Herrenschürze aus einem Geschäft für Berufskleidung; Stoffrest in Weiß; Plusterfarbe; Glitterfarbe ("Puff paint" "Glitter paint").

Ausführung:

Schneiden Sie nach Schnittmuster die Zwergenfigur aus dem weißen Stoffrest zu.

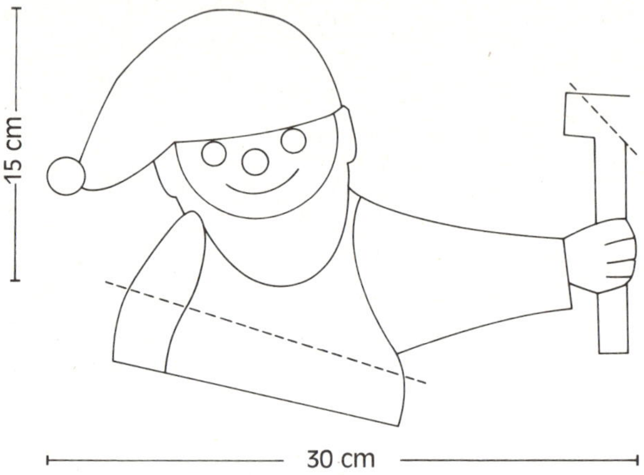

Nähen Sie die Figur so auf die Herrenschürze, daß es aussieht, als stecke der Zwerg in der Schürzentasche, Kanten mit Zickzack-Stich umnähen. Dann den Zwerg mit Plusterfarben so ausmalen, wie das Foto es zeigt.

Für die Damenschürze die Malvorlage mit Bleistift zart auf den Stoff aufmalen.

Sie können natürlich auch eigene Ideen verwirklichen und z.B. Monogramme oder ähnliches einzeichnen. Dann die Vorlage mit Plusterfarbe gut ausmalen.
Anschließend die Schürzen mit der Farbseite auf ein Frotteetuch legen und von links bügeln, bis die Farbe sich aufplustert. Die Schürzen sind bis 30° waschbar.
Wenn Sie Lust haben, können Sie nun die Schürzen mit etwas Glitzerfarbe noch "weihnachtlich" verzieren.

Weihnachtssets und -tischdecken

Mit den gleichen Plusterfarben können auch in kurzer Zeit und mit wenig Aufwand hübsche Sets oder Weihnachtsdecken bemalt werden.
Zeichnen Sie zunächst weihnachtliche Motive wie Zweige, Kerzen, Herzen, Lebkuchen usw. auf die Decke mit Bleistift auf. Dann malen Sie in mehreren Gängen die Plusterfarbe auf den Stoff.
Wenn die Farbe gut durchgetrocknet ist, wird der Stoff mit der Farbe nach unten auf Frottée gelegt und so lange gebügelt, bis die Farbe sich aufplustert.
Für diese Sets und Decken eignet sich bunter Filz besonders gut. Sie brauchen die Ränder nicht zu säumen, sondern einfach nur ausschneiden. Hübsch sieht es aus, wenn Sie die Ränder dann mit Sternenmustern oder ähnlichem verzieren.

Leise rieselt der Schnee

Leise rieselt der Schnee,
Still und starr liegt der See;
Weihnachtlich glänzet der Wald:
Freue dich, Christkind kommt bald!

In den Herzen wird's warm,
Still schweigt Kummer und Harm,
Sorge des Lebens verhallt:
Freue dich, Christkind kommt bald!

Bald ist Heilige Nacht,
Chor der Engel erwacht,
Hört nur, wie lieblich es schallt:
Freue dich, Christkind kommt bald!

W as muß man grad allein, zu Weihnachten in der Fremde sein. Schon leeren sich die vollen Gassen, zu heller'm Jubel nur verlassen, denn ach, des Weihnachtsbaums Geflimmer, blüht leider nur im Zimmer.

Was macht's, wir sind doch in der Welt zuhaus. Und hoffen darf man allemal. Was heute in der Plätzchenkunde, war einst auch Bethlehem und der Stall. Und das ist's, was die Welt verbindet. Ob Angst, Verzweiflung, Überfluß. Ein Glück, daß mancher Friede findet, im internationalen Backgenuß.

Drum sollen diese Teige glücken, Plätzchen bringen gut und satt, denn wichtig ist zu wissen, daß man auch woanders Freunde hat.

130+131

Fremdländisches

AUS DER BACKSTUBE

Ingwerherzen aus England

Das braucht man:

125 g Butter
125 g Zucker
1 Päckchen Vanillezucker
1 Prise Salz
1 TL Ingwerpulver
1 Ei
200 g Mehl
50 g Speisestärke
1 TL Backpulver

Zum Bestreichen:

200 g halbbittere Schokoladenkuvertüre

Zum Bestreuen:

Hagelzucker

Zum Belegen:

Kandierten Ingwer in feine Streifen geschnitten

So macht man's:

1. Butter und Zucker zu einer schaumigen Masse rühren. Nach und nach Vanillezukker, Salz, Ingwerpulver und Ei hinzufügen.

2. Mehl, Speisestärke und Backpulver mischen. 2/3 davon nach und nach mit der Eier-Zuckermasse verrühren. Restliches Mehl unterkneten. Teig zugedeckt 2 — 4 Stunden im Kühlschrank ruhen lassen.

3. Teig auf einer mit Mehl bestäubten Platte dünn ausrollen. Herzen ausstechen und auf ein gefettetes Backblech legen.

4. Bei 175 - 200° (Gasherd Stufe 3 - 4) in der Mitte des Backofens in etwa 10 Minuten goldgelb backen

5. Herzen mit einer Spachtel vom Blech heben und auf einem Kuchenrost auskühlen lassen.

6. Kuvertüre im Wasserbad bei schwacher Hitze zu einer glatten Masse verrühren. Oberfläche der Plätzchen dünn damit bestreichen.

7. Rand mit Hagelzucker bestreuen, in die Mitte 2 — 3 Streifen kandierten Ingwer legen.

TIP

Die Ingwerherzen kann man ebenfalls als Christbaumschmuck verwenden, wenn vor dem Backen ein kleines Loch ausgestochen wird, durch das man dann bunte Bändchen ziehen kann.

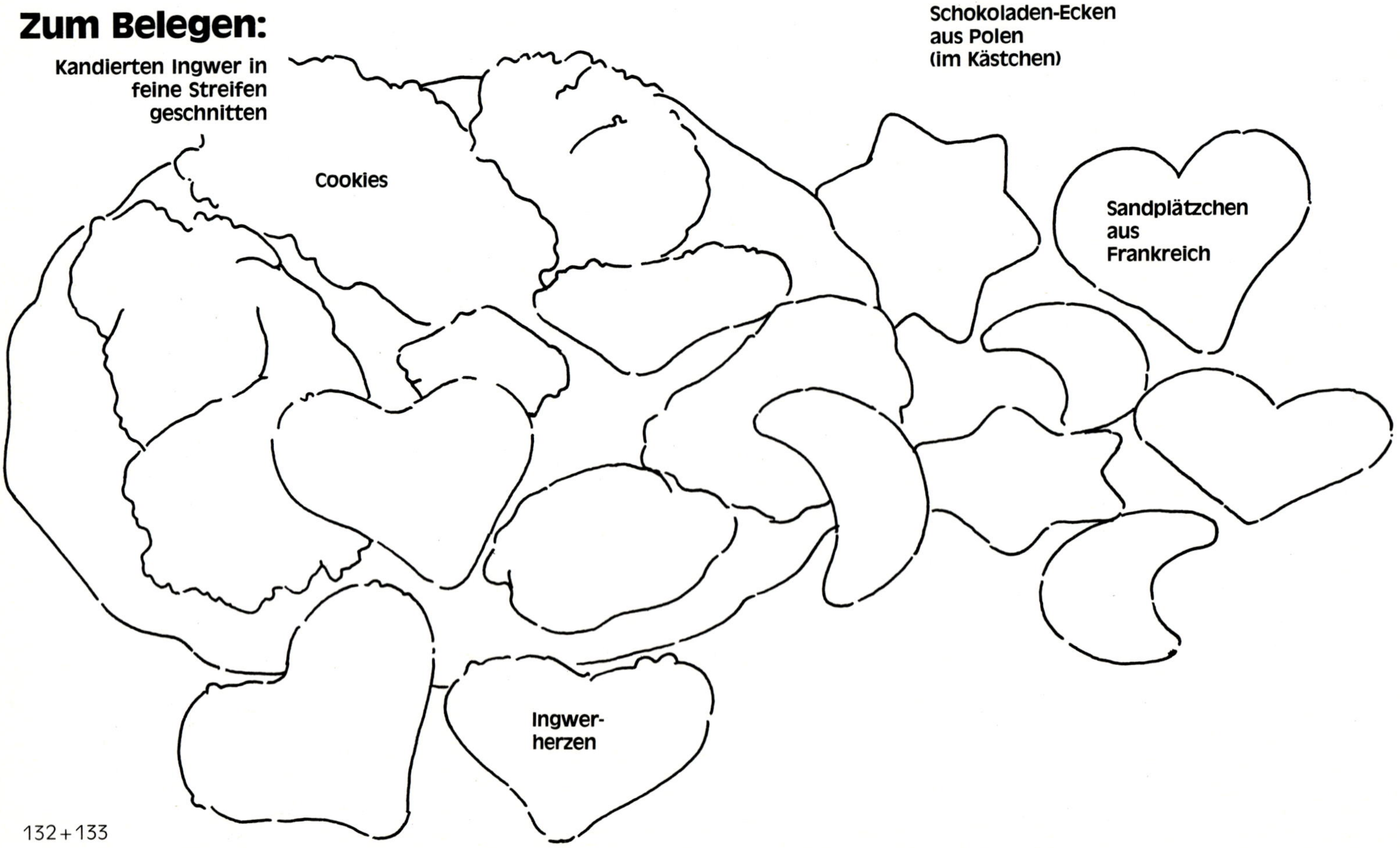

132 + 133

Amerikanische Cookies

Das braucht man:

75 g Butter
75 g Zucker
75 g Farinzucker
1 Ei
1 TL Vanillezucker
100 g Mehl
1 Prise Salz
1/2 gestrichenen TL Natron
40 g gehackte Haselnußkerne
75 g grob geraspelte bittere Schokolade

So macht man's:

1. Butter schaumig rühren. Nach und nach Zucker, Farinzucker, Ei und Vanillezucker hinzufügen.

2. Mehl, Salz und Natron mischen und eßlöffelweise unterrühren.

3. Zum Schluß Haselnußkerne und Schokoladenraspel unter den Teig ziehen.

4. Ein Backblech fetten und von dem Teig kleine Häufchen auf das Blech setzen. Großen Abstand lassen, da die Cookies sehr breit laufen.

5. Bei 175 - 200° (Gasherd Stufe 3 - 4) in der Mitte des Backofens 10 - 15 Minuten backen.

6. Cookies sofort mit einem Spachtel vom Blech lösen und auf einem Kuchenrost auskühlen lassen.

7. Cookies nach Belieben mit dunkler Kuvertüre überziehen. Helle aufgelöste Kuvertüre in eine Spritztüte aus Pergamentpapier geben und Muster damit auf den dunklen Guß spritzen.

Schokoladenecken aus Polen

Das braucht man:

Für den Teig:

300 g Mehl
100 g Zucker
1 Päckchen Vanillezucker
1 Ei
125 g Butter

Für den Belag:

2 Eier
100 g Puderzucker
100 g geriebene, bittere Schokolade
50 g abgezogene, gemahlene Mandeln
50 g Rosinen
1 EL Mehl

So macht man's:

1. Mehl auf die Tischplatte sieben, in die Mitte eine Vertiefung drücken. Zucker, Vanillezucker und Ei hineingeben. Mit einem Teil des Mehls zu einem dicken Brei verarbeiten.

2. Kalte Butter in Stücke schneiden, auf den Brei geben, mit etwas Mehl vom Rand bestreuen und dann schnell alles zu einem glatten Teig verarbeiten. Teig gut verpackt einige Zeit kühl stellen.

3. Teig zu einer Größe von etwa 30 x 40 cm ausrollen. Auf ein gefettetes Backblech legen. Mehrmals mit einer Gabel einstechen.

4. Bei 175 - 200° (Gasherd Stufe 3 - 4) in der Mitte des Backofens etwa 15 Minuten backen.

5. Inzwischen für den Belag Eier und Puderzucker schaumig rühren. Nach und nach Schokolade, Mandeln, gewaschene, gut abgetropfte Rosinen und Mehl unterziehen.

6. Gebäck aus dem Ofen nehmen, Belag gleichmäßig darauf verteilen und etwa 10 Minuten weiterbacken.

7. Gebäckstück zuerst in 4 x 4 cm große Quadrate und dann in Dreiecke schneiden.

Ein Lachsessen wird erst richtig feierlich und stilvoll, wenn der Lachs auf einem passenden Brett serviert wird. Dies Brett ist mit etwas Geschick leicht selber hergestellt.

AUS DER BASTELSTUBE

Lachsbrett

Das brauchen Sie:

Ein Ahornbrett circa 71 x 25 cm groß, zwischen 2,5 und 4 cm dick (am besten beim Schreiner kaufen).

Werkzeuge:

Säge, am besten Stichsäge; Bohrmaschine mit Bohrer für das "Auge" von 1,5 cm ∅; grobe Holzraspel; Holzfeilen; Sandpapier, eventuell Schwingschleifer; Stemmeisen.

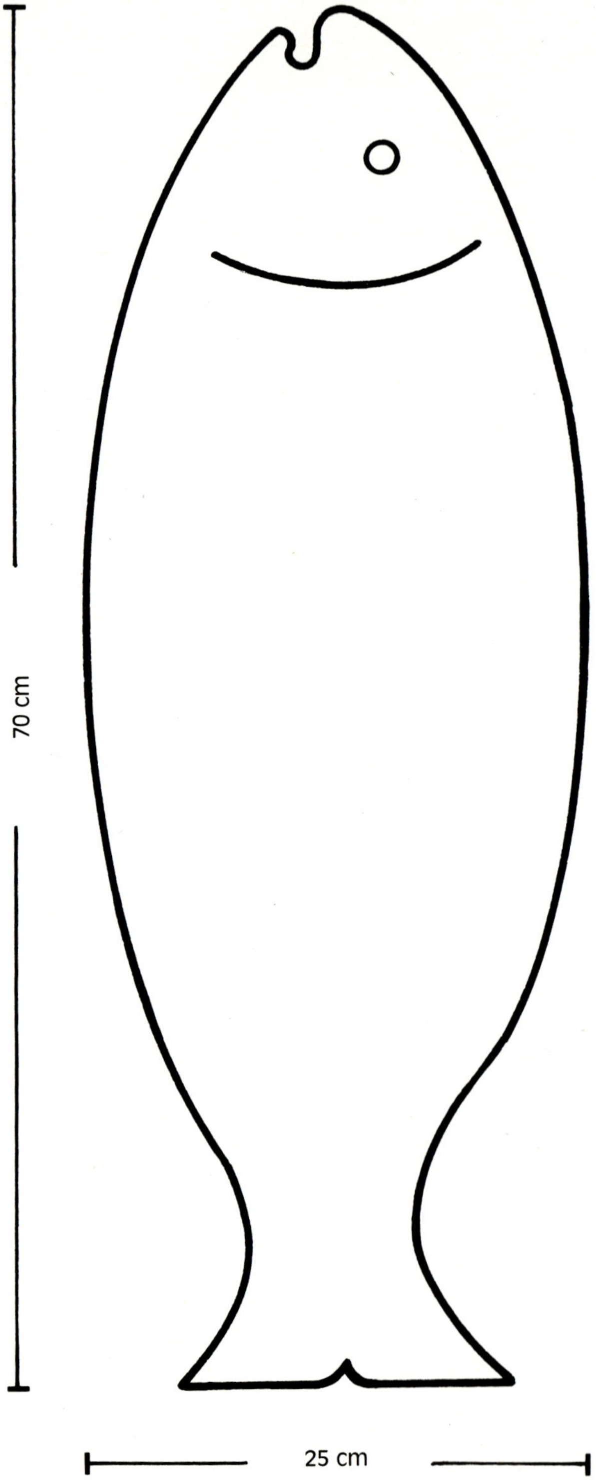

Ausführung:

Schnittzeichnung in der gewünschten Größe auf Brettrückseite übertragen und die Konturen aussägen.

Die Kanten mit der Säge oder der groben Raspel abschrägen. Das Auge einbohren. Dann die Rundungen der Kanten mit Feilen und Sandpapier abrunden, bis die optimale Form erreicht ist. Jetzt mit dem Stemmeisen die "Kiemen" vorsichtig ausarbeiten, anschließend mit Feile und Sandpapier glätten. Schwanzflosse ebenso ausarbeiten. Maul abschleifen.

Wenn die Oberfläche fertig ist, wird sie nicht lackiert. Ahornholz läßt sich nach Gebrauch mit Scheuersand wieder ganz hell reinigen.

Weihnachtliche Vesperbrettchen

Ein hübsches Mitbringsel in der Vorweihnachtszeit können Sie aus fertigen, runden Ahornbrettchen machen.
Dazu besorgen Sie sich aus dem Haushaltswarengeschäft die gewünschte Anzahl runder Brettchen. Zeichnen Sie auf die Bretter eine Sternform auf. Dazu wird zunächst ein Papierschnitt hergestellt, um eine gleichmäßige Sternform zu entwickeln. Achten Sie darauf, daß die einzelnen Spitzen nicht zu schmal werden, sie brechen sonst leicht aus.
Wenn die Sternform auf das Brett gezeichnet ist, sägen Sie die Ecken aus, so daß ein Stern entsteht. Die Kanten werden mit zunächst grobem, dann feinem Sandpapier abgeschliffen.

Muß es Traurigkeit sein?

Irgendein weiser Mann hat einmal gesagt, der wahre Mensch sei immer traurig. Als mir dieses Wort zuerst begegnete, da war ich jung und nichts weniger als trübsinnig. Aber eben das gab mir ja zu denken, denn ich hatte doch auch nebenbei vor, ein wahrer Mensch zu werden. Also übte ich mich eine Weile in der Kunst des Weltverdrusses, ich mied meine fröhlichen Freunde, und sogar meiner ersten Liebe sagte ich Lebewohl — versuchsweise. Auf diese Art glückte es mir zwar, zeitweilig traurig zu sein, aber immer noch nicht immer. Eigentlich langweilte ich mich nur, und darum entschloß ich mich, mit der Menschwerdung doch noch ein wenig zu warten. Nicht lange danach kam ich von selber zu der Einsicht, daß der wahre Mensch durchaus nicht immer traurig, sondern eher närrisch ist, so daß er auch die Fähigkeit der Narren besitzt, mitunter glücklich zu sein. Denn der Verstand findet überall Grenzen, und nur dem Herzen sind Erd und Himmel offen. Ich sage das immer, wenn wir wieder die Weihnacht erwarten, diesen Inbegriff einer freudenreichen Zeit. Aber ist es das wirklich noch — freudenreich? Ich jedenfalls laufe tagelang ruhelos durch die Gassen und starre in festliche Schaufenster, um für den und jenen irgend etwas aufzutreiben, was er noch nicht hat, weil er es gar nicht braucht. Dabei wäre das ganze Übel leicht zu beheben, indem man den unnützen Kram, den man selber bekommt, wieder weiterschenkt. Aber wer kann sich das Jahr über merken, was er von wem bekommen hat!
Leider haben die Schenker ein weitaus besseres Gedächtnis als die Beschenkten. Daheim, in meiner frühesten Zeit, gab es dergleichen Sorgen noch nicht. An einen Christbaum war nie zu denken, schon viel, wenn eine lange Weihnachtskerze die Nacht über brannte. Am Weihnachtsabend mußte bis zur Mettenzeit gefastet werden, aber die Mutter hatte Mühe, ihren Kindern diese frommen Opfer deutlich zu machen. Fasttage waren ja keine Seltenheit bei uns. Rote Glut leuchtete aus dem offenen Feuerloch und warf Schein und Schatten an die Wände, während wir vor der Bank knieten und den Rosenkranz nachbeteten. Nur der Vater durfte ab und zu aufstehen, um die Bratäpfel im Ofenrohr zu wenden, eine schwierige Arbeit, die ihn jedesmal sehr lange beschäftigte, so lang, bis die Mutter einen mahnenden Blick hinter sich warf. Köstlich zog der Geruch der Äpfel über uns weg durch die Stube. Ich, ich hatte freilich ja noch einen anderen Duft in der Nase, den von einer Suppenschüssel mit heißen Würsten darin, die auf uns wartete, wenn wir steifgefroren aus der Mette nach Hause kamen. Das hielt ich damals für das eigentliche Weihnachtswunder: Daß es an diesem einzigen Tag im Jahr sogar um Mitternacht noch etwas Köstliches zu essen gab. Nun, das ist anders geworden. Gier nach Wurstsuppe plagt mich schon lange nicht mehr. Aber dafür meldet sich ein anderer Hunger. Wie ich es sagte, ich laufe wieder von einem Laden zum anderen, um etwas zu finden, womit ich dem Freund oder der Freundin das Herz erwärmen könnte. Nicht, daß ich die Kosten scheute, viel mehr fürchte ich mich vor einem flüchtigen Lächeln des Dankes, einem betretenen Lächeln wahrscheinlich. Warum nur ist es so schwer geworden, Freude zu schenken und dabei selber froh zu sein? Vielleicht müßten wir alle ein wenig ärmer werden, damit wir reicher werden.

Karl Heinrich Waggerl

Das Christkind ist durch den Wald gegangen, sein Schleier blieb an den Zweigen hangen, da fror er fest in der Winterluft und glänzt heut' wie lauer Duft.

Ich gehe still durch des Christkindls Garten, im Herzen regt sich ein süßes Erwarten: Ist schon die Erde so reich bedacht, was hat es mir mitgebracht? Die Antwort ist einfach und ich muß sie gar nicht betonen: SELBSTGEBACKENE MANDELMAKRONEN

Mandelmakronen

Mandelmakronen

Das braucht man:

200 g sehr fein gemahlene Mandeln
250 g feinen Zucker
0,5 l Milch
2 Eiweiß

Zum Aufsetzen:

Oblaten von etwa 6 cm ∅

Zum Bestreuen:

Hagelzucker
gehackte Mandeln

Zum Belegen:

Kleine Würfel aus kandierten Früchten

So macht man's:

1. Mandeln, Zucker und Milch in einen Topf geben und unter Rühren erhitzen, aber nicht kochen lassen. So lange erwärmen und rühren, bis sich der Zucker vollkommen gelöst hat. Masse kalt stellen.

2. Eiweiß zu so steifem Schnee schlagen, daß ein Messerschnitt sichtbar bleibt. Kalte Mandelmasse eßlöffelweise vorsichtig unterheben.

3. Oblaten nebeneinander auf ein Backblech legen. Mit zwei Teelöffeln kleine Häufchen von der Makronenmasse aufsetzen. Teelöffel zwischendurch immer mal wieder in kaltes Wasser tauchen.

4. Makronen abwechselnd mit Hagelzucker oder gehackten Mandeln bestreuen. In die Mitte jeweils einen Würfel von den kandierten Früchten legen.

5. Bei 130 - 150° (Gasherd Stufe 1 - 2) in der Mitte des Backofens etwa 30 Minuten backen. Makronen dürfen nicht zu heiß gebacken werden, sonst bleiben sie klein und gehen nicht auf. Aber auch nie in den kalten Ofen schieben, dann werden sie trocken. Sie müssen innen weich bleiben.

6. Mandelmakronen auf einem Kuchenrost auskühlen. Die Makronen in einer verschlossenen Dose aufbewahren.

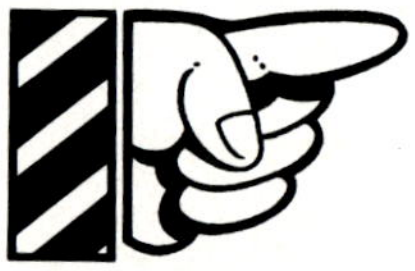

TIP

Man kann die überstehenden Oblatenränder entweder abbrechen oder mit etwas aufgelöster, bitterer Schokoladenkuvertüre beträufeln und anschließend antrocknen lassen.

Orangenmakronen

Das braucht man:

1 Messerspitze Butter
50 g Semmelmehl
3 Eiweiß
200 g Zucker
1 Päckchen Vanillezucker
abgeriebene Schale 1 Apfelsine
3 EL Apfelsinensaft (frisch gepreßt)
200 g abgezogene, gehobelte Mandeln

Zum Aufsetzen

Oblaten von etwa 6 cm ∅

So macht man's:

1. Butter in einer Pfanne zerlassen, Semmelmehl darin kurz rösten, kalt stellen.

2. Eiweiß, Zucker und Vanillezucker in eine Schüssel geben und mit den Quirlen eines elektrischen Handquirls über Wasserdampf so lange schlagen, bis eine steife Masse entstanden ist.

3. Apfelsinenschale und -saft hinzufügen. Masse weiterschlagen, bis ein Messerschnitt sichtbar bleibt. Schüssel aus dem Wasserbad nehmen.

4. Mandeln und abgekühltes Semmelmehl vorsichtig unter den Eischnee heben, aber nicht rühren.

5. Oblaten nebeneinander auf ein Backblech legen. Mit 2 Teelöffeln kleine Häufchen von dem Teig darauf setzen.

6. Bei 130 - 150° (Gasherd Stufe 1 - 2) in der Mitte des Backofens etwa 30 Minuten backen.

7. Oblatenränder von den gut ausgekühlten Orangenmakronen abbrechen.

Alle Jahre wieder

Kehrt mit seinem Segen
Ein in jedes Haus,
Geht auf allen Wegen
Mit uns ein und aus.

Steht auch mir zur Seite
Still und unerkannt,
Daß es treu mich leite
An der lieben Hand.

Gewürz-Baumschmuck

Zur Vorweihnachtszeit gehört der Duft von Nelken und Lebkuchengewürz. Nicht nur das Auge, sondern auch die Nase erfreut dieser Baumschmuck, der dicht mit allerlei Gewürz beklebt ist.

AUS DER BASTELSTUBE

Gewürz-Baumschmuck

Das brauchen Sie:

Pappe; Weißleim; Akazienkerne; Wollsamen (Knorr); Kordeln oder Samtbänder zum Aufhängen.

Lebkuchen-Formen

Ausführung:

Aus brauner Pappe Formen wie Herz, Ring, Stern, Glocke, usw. ausschneiden oder vorgefertigte Formen aus dem Bastelgeschäft verwenden.

Zunächst die Pappe satt mit Weißleim einstreichen, dann die Akazienkerne darüber streuen und mit Hilfe einer großen Nadel dicht aneinanderschieben. An den Rändern die Kerne etwas überstehen lassen. Dann die Ornamente aus Wollsamen legen. Diese Samen größenmäßig vorsortieren, damit die Blüten und Ornamente immer aus gleich großen Teilen bestehen. Abschließend die Pappkonturen ringsum mit einer 2 — 3 mm starken Kordel bekleben und aus der gleichen Kordel die Aufhänger anbringen.

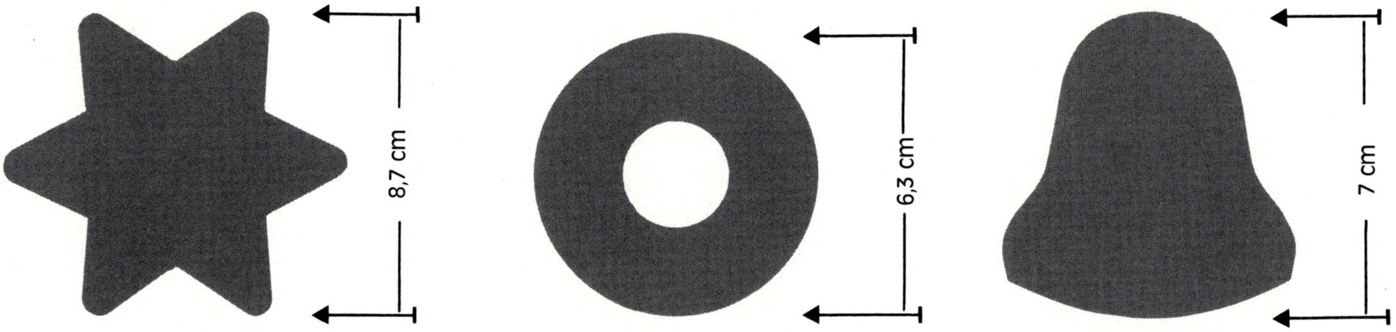

Das brauchen Sie:

Pappe in Sternform; Nelken; Goldborte; kleines Spiegelchen, Röschen; Goldkügelchen; rosa Wachsperlen; Bouillonblätter; weiße Wachsperlen; Sternanis; Akazienkerne; Weißleim; Goldborte zum Aufhängen.

Nelkensterne

Ausführung:

Sterne immer mit den Spitzen beginnend mit Nelken bekleben, die Nelkenköpfe sollten über den Rand hinausschauen, dann die Flächen, wie auf dem Foto zu sehen, mit den verschiedenen

Materialien bekleben. Dabei stets darauf achten, daß keine Zwischenräume entstehen. Zum Schluß die restlichen Flächen noch mit Akazienkernen abdecken. Goldborte zum Aufhängen anbringen.

Wilhelm Raabe

Die Weihnachtsglocken von Finkenrode

Ein Glockenschlag erweckte mich aus meinem stundenlangen Brüten; — die Weihnachtsglocken von Finkenrode! Die Weihnachtsglocken meiner Kindheitszeit! Ich fuhr mit der Hand über die Stirn und lauschte; unwiderstehlich zog es mich hinaus in die Heilige Nacht. Ich hatte den Mantel übergeworfen; ich fand mich in der Straße, ohne zu wissen wie. Alles still und dunkel! Kein Stern am Himmel, — kein Lichtlein auf Erden! Glockenklang, Glockenklang der Heimat!
Ich schritt langsam durch die schweigenden, schneebedeckten Straßen, das Erwachen der Stadt erwartend. — Dort flammt ein Licht auf, dort wieder eins. Sie bewegen sich in den Häusern hin und her durch die Gemächer. Sieh da! Sieh da, ein Weihnachtsbaum im vollen Glanz! Haustüren öffnen sich hier und da, eine Gestalt, in einen Mantel gehüllt, streicht an mir vorüber. In immer hellerem Glanz leuchtet die Stadt Finkenrode.
Ich folge dem Glockenklang durch die Gassen auf den Marktplatz — vor mir strahlt die Kirche des Heiligen Martin mit ihren hohen, spitzen, erleuchteten Fenstern; die beiden Türme verlieren sich vollständig in dem Nebel und der Dunkelheit. Ich lehne mich an einen Pfeiler des weitgeöffneten Portals und lausche. Hallen einmal einen Augenblick die Glocken über mir aus, so klingt leise, leise das Geläut eines fernen Walddorfes herüber. Noch ist die Kirche menschenleer, die Wände des heiligen Gebäudes entlang schimmern die Totenkränze im Glanz der Kronleuchter. Tannenzweig windet sich an den Pfeilern empor.—
Jetzt ist das christliche Volk erwacht und regt sich. Männer und Weiber schreiten durch die Gassen und über den Markt auf die Kirchtüren zu, die Gesangbücher an die Brust gedrückt. Die Kinder führen ihre bunten Weihnachtspuppen mit sich, junge Mädchen entfalten strahlend den neuesten Putz. Zwischen den modernen Hüten und Hauben der Weiber schimmern hier und da die landesüblichen seltsamen Kugelmützen von Gold- und Silberstoff, die Kopfbedeckungen der älteren Bürgersfrauen hervor. Immer dichter werden die Scharen, die an mir vorüberziehen. Jeder Kirchgänger führt ein Wachslicht mit sich, welches an einer am Eingang der Kirche hängenden kleinen Lampe angezündet wird. Schon flammen Hunderte von Kerzen, schon braust die Orgel, der Gesang der Menge fällt ein, — weit über die kleine Stadt hin, bis tief hinein in die stillen Berge, wo Hirsch und Fuchs verwundert aufhorchen, erklingt die Feier des Christmorgens.

So mancher "Dumme-Jungen-Streich", macht heut' den Mann erst reich. Wer einst ein echter Spitzbub war, der findet's einfach wunderbar.
Doch eins — das war's genaugenommen — die Andacht, die ist nie zu kurz gekommen. So weiß der Chronist zu berichten, und da braucht er nicht zu dichten, daß er neben der gestrengen Pfarrersköchin als Meßdiener gesprochen hat folgendes Gebet, das nachstehend geschrieben steht:
"Der Teig wird so gerührt:
Zwei Vaterunser lang die Eier, ein Vaterunser lang das Mehl und drei Vaterunser lang die Butter, und das alles für die Gottes Mutter"!
Und die Moral von der Geschicht:
Beim Beten schleckt auch der größte Spitzbub nicht.

Spitzbuben

AUS DER BACKSTUBE

Spitzbuben

Das braucht man:

375 g Mehl
1 gestrichenen TL Backpulver
200 g Zucker
1 Päckchen Vanillezucker
1/2 Fläschchen Arrak-Aroma
250 g Butter
125 g sehr fein gemahlene Mandeln

Zum Bestreichen:

Etwa 125 g rotes Johannisbeergelee

Zum Bestäuben:

Etwas Puderzucker

So macht man's:

1. Mehl und Backpulver mischen und auf die Tischplatte sieben. In die Mitte eine Vertiefung drücken.

2. Zucker, Vanillezucker und Aroma hineingeben. Darauf die in Stücke geschnittene kalte Butter verteilen. Mandeln darüberstreuen und dann von der Mitte aus schnell zu einem glatten Teig verarbeiten.

3. Teig gut verpackt einige Zeit kühl stellen. Erst dann in kleinen Portionen auf einer mit Mehl bestreuten Platte ausrollen. Runde Plätzchen ausstechen und auf ein mit Backpapier ausgelegtes Backblech legen.

4. Bei 175 - 200° (Gasherd Stufe 3 - 4) in der Mitte des Backofens etwa 10 Minuten backen. Sie sollen goldgelb sein.

5. Johannisbeergelee durch ein Sieb streichen und die Hälfte der erkalteten Plätzchen dünn damit bestreichen. Restliche Plätzchen mit der Unterseite darauf legen.

6. Plätzchen nebeneinander auf ein Stück Backpapier legen und leicht mit Puderzucker bestäuben.
In einer gut zu verschließenden Dose aufheben. Möglichst zwischen jede Plätzchenschicht ein Trennpapier legen.

TIP

Man kann den Spitzbuben auch Augen machen, indem man aus der Hälfte der ausgestochenen Plätzchen mit einem Fingerhut oder Tablettenröhrchen zwei Löcher aussticht und sie nach dem Backen auf die mit Johannisbeergelee bestrichenen Plätzchen setzt.

Süddeutsche Vanillekipferl

Das braucht man:

250 g Mehl
1 Messerspitze Backpulver
125 g Zucker
2 Päckchen Vanillezucker
3 Eigelb
200 g Butter
125 g abgezogene, sehr feingemahlene Mandeln

Zum Wälzen:

2 — 4 Päckchen Vanillezucker
Mark einer halben Vanilleschote

So macht man's:

1. Mehl und Backpulver mischen und auf die Tischplatte sieben. In die Mitte eine Vertiefung drücken.

2. Zucker, Vanillezucker und Eigelb hineingeben. Mit einem Teil des Mehls zu einem dicken Brei verarbeiten.

3. Darauf die in Stücke geschnittene kalte Butter geben. Mandeln darüberstreuen und von der Mitte aus alle Zutaten schnell zu einem glatten Teig verarbeiten. Den Teig einige Zeit gut verpackt ruhen lassen, dann läßt er sich besser verarbeiten.

4. Aus dem Teig daumendicke Rollen formen, gut 2 cm lange Stücke davon abschneiden und diese wiederum zu etwa 5 cm langen Hörnchen formen. Die Enden etwas dünner rollen.

5. Hörnchen auf ein Backblech legen. Bei 175 - 200° (Gasherd Stufe 3 - 4) auf der mittleren Schiene in etwa 10 Minuten goldgelb backen.

6. Zum Wälzen Vanillezucker mit dem Mark der ausgekratzten Vanilleschote mischen. Kipferl noch heiß vom Blech nehmen und darin wälzen.

7. Auf einem Kuchenrost auskühlen lassen. Erst dann in eine gut zu verschließende Dose geben.

Ihr Kinderlein kommet...

Ihr Kinderlein kommet,
O kommet doch all!
Zur Krippe her kommet in Bethlehems Stall!
Und seht, was in dieser hochheiligen Nacht
Der Vater im Himmel für Freude uns macht.

O seht in der Krippe im nächtlichen Stall,
Seht hier bei des Lichtleins hellglänzendem Strahl
Den lieblichen Knaben, das himmlische Kind,
Viel schöner und holder als Engelein sind.

Da liegt es, ihr Kinder, auf Heu und auf Stroh,
Maria und Joseph betrachten es froh,
Die redlichen Hirten knien betend davor,
Hoch oben schwebt jubelnd der himmlische Chor.

O beugt wie die Hirten anbetend die Knie,
Erhebet die Händlein und danket wie sie;
Stimmt freudig, ihr Kinder, wer soll' sich nicht freu'n?
Stimmt freudig zum Jubel der Engel mit ein!

Individualisten machen es selbst. Hier einige Vorschläge, die auch Kinder und völlig "Unbegabte" nachmachen können. Ein so verpacktes Geschenk macht bestimmt Freude.

150 + 151

Weihnachtspapier

AUS DER BASTELSTUBE

Weihnachtspapier

Das brauchen Sie:

Weißes "Schmierpapier" von der Rolle (Zeichen- und Papierfachgeschäft); gelbe Linoldruckfarbe; Linoldruckrolle; kräftige Plastikfolie; kleine Glasscheibe; Schere.

Stern-Papier

Ausführung:

Schneiden Sie aus der Folie einen oder zwei Sterne aus, dabei einen ausreichenden Rand lassen.

Das Papier flach auf glatter Unterlage ausbreiten. Wenig Farbe auf die Glasplatte geben und mit dem Roller verteilen, bis die Walze ganz eingefärbt ist. Legen Sie nun die Folie mit dem Stern auf das Papier und rollen mit der Walze über die ausgeschnittene Fläche. So erscheint der Stern auf dem Papier. Folie abheben und an anderer Stelle wieder mit der Rolle einfärben. Zweiten, größeren Stern nicht so oft abdrucken.
(Zeichnung siehe Seite 219)

Das brauchen Sie:

Weißes oder farbiges Papier; Stecknadeln; Schere; Sprayfarbe in Rot oder Silber; festes Papier für Schablonen.

Spray-Papier

Ausführung:

Schneiden Sie aus festem Papier die gewünschten Motive mehrmals aus.

Verteilen Sie die Motive auf dem Papier und befestigen Sie sie mit Stecknadeln, damit sie beim Sprayen nicht wegfliegen. Ist die gesamte Fläche nach Ihrem Geschmack bedeckt, dann besprayen Sie das Papier ganz fein und mit etwas Abstand unregelmäßig erst in Rot, dann mit Silber.

So ein Papier läßt sich auch hübsch auf farbigem Seidenpapier gestalten, dann brauchen Sie nur eine zusätzliche Sprayfarbe.
(Zeichnung siehe Seite 219)

Das brauchen Sie:

Rohe Kartoffeln; Küchenmesser; Pinsel; Wasserfarbe; weißes Schmierpapier.

Kartoffeldruck-Papier

Ausführung:

Schneiden Sie eine Kartoffel glatt durch. Dann die gewünschte Druckform aus der Kartoffel ausschneiden. Bepinseln Sie die Form mit Wasserfarbe und machen einen Probedruck. Sie können die Form jetzt noch korrigieren. Dann können Sie drucken: jeweils die Druckfläche mit Farbe bestreichen und den Stempel ein oder mehrmals auf das Papier drücken.
Als Druckform eignet sich auch ein durchgeschnittener Apfel; seine Form kann direkt gedruckt werden.

Das brauchen Sie:

Weißes oder farbiges Papier; Wasserfarbe; etwas Karton; dicke Baumwollschnur; Klebstoff; Schere; Silberglitter; Glasscheibe; Pinsel.

Schnurdruck-Papier

Ausführung:

Auf die Pappscheibe wird aus der Schnur das Muster, das gedruckt werden soll, — hier ein Herz —, aufgeklebt.

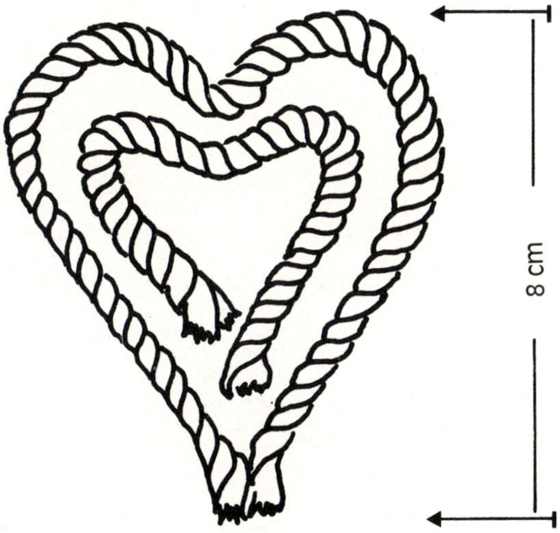

Jetzt Wasserfarbe satt anrühren und auf die Glasscheibe auftragen. Dann die Schnurform darauflegen, so daß sich die Schnur voll Farbe saugt. Vorsicht, daß die Pappe nichts mit abbekommt. Jetzt kann die Druckform mehrmals auf dem Papier abgedruckt werden. Wieder einfärben, drucken, usw. Das fertige Papier kann dann noch weihnachtlich mit Silberglitter verziert werden.

Kling Glöckchen...

**Kling Glöckchen klingelingeling,
Kling Glöckchen kling.
Laßt mich ein, ihr Kinder
S'ist so kalt der Winter.
Öffnet mir die Türen,
Laßt mich nicht erfrieren.
Kling Glöckchen klingelingeling,
Kling Glöckchen kling.**

**...Mädchen, hört, und Bübchen,
Macht mir auf das Stübchen,
Bring' euch viele Gaben,
Sollt' euch dran erlaben.
Kling Glöckchen...**

**...Hell erglühn die Kerzen,
Öffnet mir die Herzen,
Will drin wohnen fröhlich,
Frommes Kind, wie selig.
Kling Glöckchen...**

Von einer fremden Welt, da komm' ich her, ich muß Euch sagen, es weihnachtet sehr!
Nur noch wenige Tage, dann ist es so weit, o herrliche, glückselige Weihnachtszeit.
Die Süße, mal Traumbild, mal Wirklichkeit, verspricht eine köstliche Zeit.
Ich bin ein Bestandteil des frohen Festes und gebe in allen Rezepten wirklich mein Bestes.
Mal sehen, was man diesmal aus mir gemacht, ob das Kinderauge wieder vor Freude lacht.
Und werde ich mißhandelt, dann sind Sie dran, das schwöre ich, bei meiner Süße, Ihr Marzipan.

154 + 155

Marzipan-träume

AUS DER BACKSTUBE

Marzipanträume

Das braucht man:

400 g Marzipan-Rohmasse
300 g Puderzucker
1 EL Rum

Zum Bestreichen:

1 Eiweiß
1 Eigelb
Milch

So macht man's:

1. Marzipan, gesiebten Puderzucker und Rum zu einer glatten Masse verkneten.

2. Marzipanteig auf einer mit Puderzucker bestäubten Platte 1/2 cm dick ausrollen und mit Ausstechförmchen Herzen, Sterne, Tannenbäume usw. ausstechen. Auf ein mit Alufolie belegtes Backblech legen.

3. Aus Marzipanteig dünne Rollen formen. Ränder der ausgestochenen Teile mit verquirltem Eiweiß bestreichen und mit den Marzipanrollen dekorativ belegen. Leicht andrücken und mit Holzspießen einkerben.

4. Mit einer nicht zu dünnen Stricknadel jeweils einen halben Zentimeter vom Rand entfernt vorsichtig ein kleines Loch bohren. Dadurch werden später die Bändchen zum Aufhängen des Marzipans gezogen.

5. Aus restlichem Marzipanteig Kränzchen, Brezeln, Taler usw. formen. Nicht zu dünn, sie sollten 1/2 — 1 cm dick sein.

6. Eigelb und Milch verquirlen, Oberfläche gleichmäßig und dünn damit bestreichen und das Marzipan unter dem vorgeheizten Grill oder im Backofen bei 250° (Gasherd Stufe 6) goldbraun überbacken.

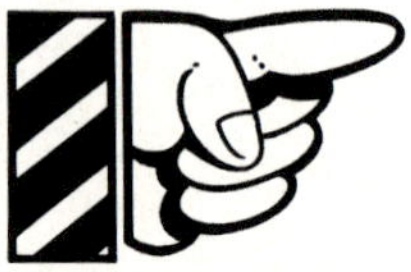

TIP

Wer will, kann das Marzipan auch noch mit halbierten, abgezogenen Mandeln garnieren oder die Herzen und Sterne mit durch ein Sieb gestrichener roter Marmelade füllen, Kränzchen und Brezeln mit in Streifen geschnittenen kandierten Früchten dekorieren.

Glasiertes Marzipankonfekt

Das braucht man:

250 g Marzipan-Rohmasse
125 g Puderzucker
2 EL Cointreau
etwa 125 g frische Walnußkerne

Für die Glasur:

1/4 l Wasser
500 g Zucker
2 EL Zitronensaft

So macht man's:

1. Marzipan, gesiebten Puderzucker und Cointreau zu einer glatten Masse verkneten.

2. Daraus walnußgroße Kugeln formen. In jede Kugel einen halben Walnußkern drükken.

3. Wasser, Zucker und Zitronensaft bei schwacher Hitze zum Kochen bringen. Etwa 1 Minute mit geschlossenem Deckel kochen lassen. Dann den Sirup, ohne zu rühren, so lange kochen, bis eine kleine Menge der Masse bei der Kaltwasserprobe einen weichen "Ball" bildet.

4. Marzipankugeln in die Glasur tauchen, auf ein geöltes Stück Alufolie legen und trocknen lassen.

Marzipan-Nougat-Plätzchen

Das braucht man:

Für den Teig:

275 g Mehl
150 g Zucker
1 Päckchen Vanillezucker
2 Eigelb
175 g Butter

Für den Belag:

300 g Marzipan-Rohmasse
3 Eiweiß

Für die Füllung:

300 g Nougatmasse

Für den Guß:

Etwa 200 g aufgelöste halbbittere Kuvertüre

So macht man's:

1. Mehl auf die Tischplatte sieben und in die Mitte eine Vertiefung eindrücken.

2. Zucker, Vanillezucker und Eigelb hineingeben. Mit einem Teil des Mehls zu einem dicken Brei verarbeiten.

3. Darauf die in Stücke geschnittene kalte Butter geben. Mit etwas Mehl vom Rand bedecken und dann von der Mitte aus schnell zu einem glatten Teig verarbeiten. Teig gut verpackt einige Zeit kalt stellen.

4. Teig auf einer mit Mehl bestreuten Platte ausrollen. Mit einer runden Form, ∅ etwa 3 — 4 cm, Plätzchen ausstechen und auf ein mit Backpapier ausgelegtes Backblech legen.

5. Für den Belag Marzipan und Eiweiß zu einer geschmeidigen Masse verrühren. Sollte sie zu fest sein, noch 1 — 2 Eßlöffel Wasser hinzufügen. Marzipanmasse in einen Spritzbeutel mit kleiner Sterntülle füllen und als Kranz auf die Teigplätzchen spritzen. Die Mitte muß frei bleiben.

6. Bei 175 - 200° (Gasherd Stufe 3 — 4) in der Mitte des Backofens in etwa 15 Minuten goldgelb backen.

7. Plätzchen nebeneinander auf einen Kuchenrost legen und auskühlen lassen.

8. Nougatmasse im Wasserbad zu einer geschmeidigen Masse verrühren. In einen Spritzbeutel mit sehr kleiner Sterntülle füllen und die gebackenen Plätzchen jeweils in der Mitte mit einem Nougattuff füllen. Plätzchen so lange kalt stellen, bis die Nougatmasse vollkommen fest ist.

9. Plätzchen kurz in die aufgelöste Kuvertüre tauchen und fest werden lassen.

10. Marzipan-Nougat-Plätzchen in einem dekorativen Glas anbieten.

Bethmännchen

Das braucht man:

300 g Marzipan-Rohmasse
80 g Puderzucker
2 Tropfen Bittermandelöl
1 TL Mehl
50 g abgezogene, sehr fein gemahlene Mandeln
1 Ei

Zum Belegen:

125 g abgezogene, halbierte Mandeln

Zum Bestreichen:

1 Eigelb
2 EL Milch

So macht man's:

1. Marzipan zusammen mit gesiebtem Puderzucker, Bittermandelöl, Mehl, gemahlenen Mandeln und Ei zu einer glatten Masse verkneten.

2. Aus dem Marzipanteig haselnußgroße Kügelchen formen. Seitlich je 3 Mandelhälften so an die Kugeln drücken, daß sie leicht kegelförmig aussehen.

3. Bethmännchen auf ein mit Backpapier ausgelegtes Backblech legen. Eigelb und Milch verquirlen und das Gebäck gleichmäßig damit bestreichen.

4. Bei 175 - 200° (Gasherd Stufe 3 - 4) in der Mitte des Backofens so lange backen, bis sie hellgelb sind.

5. Jeweils zwei ausgekühlte Bethmännchen mit der Unterseite zusammenlegen. Mit einem dünnen Gold- oder Silberbändchen zusammenbinden und an einen Tannenzweig hängen.

Liebevoll ausgesuchte Geschenke sollten auch ebenso eingepackt sein. Hier spürt der Beschenkte, daß viel an ihn gedacht wurde, daß die Gabe von Herzen kommt und kein "Pflichtgeschenk" ist.

Weihnachtspäckchen

AUS DER BASTELSTUBE

Weihnachtspäckchen

Das brauchen Sie:

Papprolle, in der z.B. ein Bild verschenkt werden soll; roten Filz zum Bekleben der Rolle; weißen Filz; weiße, dicke Wolle; weiße Webpelzrestchen; Watte.

Nikolaus

Ausführung:

Die Rolle mit rotem Filz bekleben, aus weißem Filz ovales Gesicht ausschneiden und aufkleben, aus Wolle Bart um das Gesicht kleben, schwarze Augen aufmalen, Watte als Nase aufkleben. Für die Mütze einen Pappring kleben, den man auf die Rolle schieben kann. Aus Filz Mütze zurechtschneiden, auf den Papprand kleben. Dann Webpelz als Mützenrand und Bommel aufkleben. Mütze als Deckel auf die Rolle schieben. Am unteren Rollenrand Webpelz aufkleben, in der Mitte eine Schleife aus rotem Filz anbringen.

Frei-Ballon

Damit ein winziges Geschenk nicht verlorengeht, wird's an eine Weihnachtskugel als "Ballon" gehängt.

Haus

Dazu den Deckel eines Kartons schrägstellen, daß das Dach entsteht. Das ganze Päckchen mit Folie bekleben. Anschließend aus Folie Fenster und Türen ausschneiden und aufkleben, schließlich mit Filzstift Dachziegel, Verzierungen usw. aufmalen.

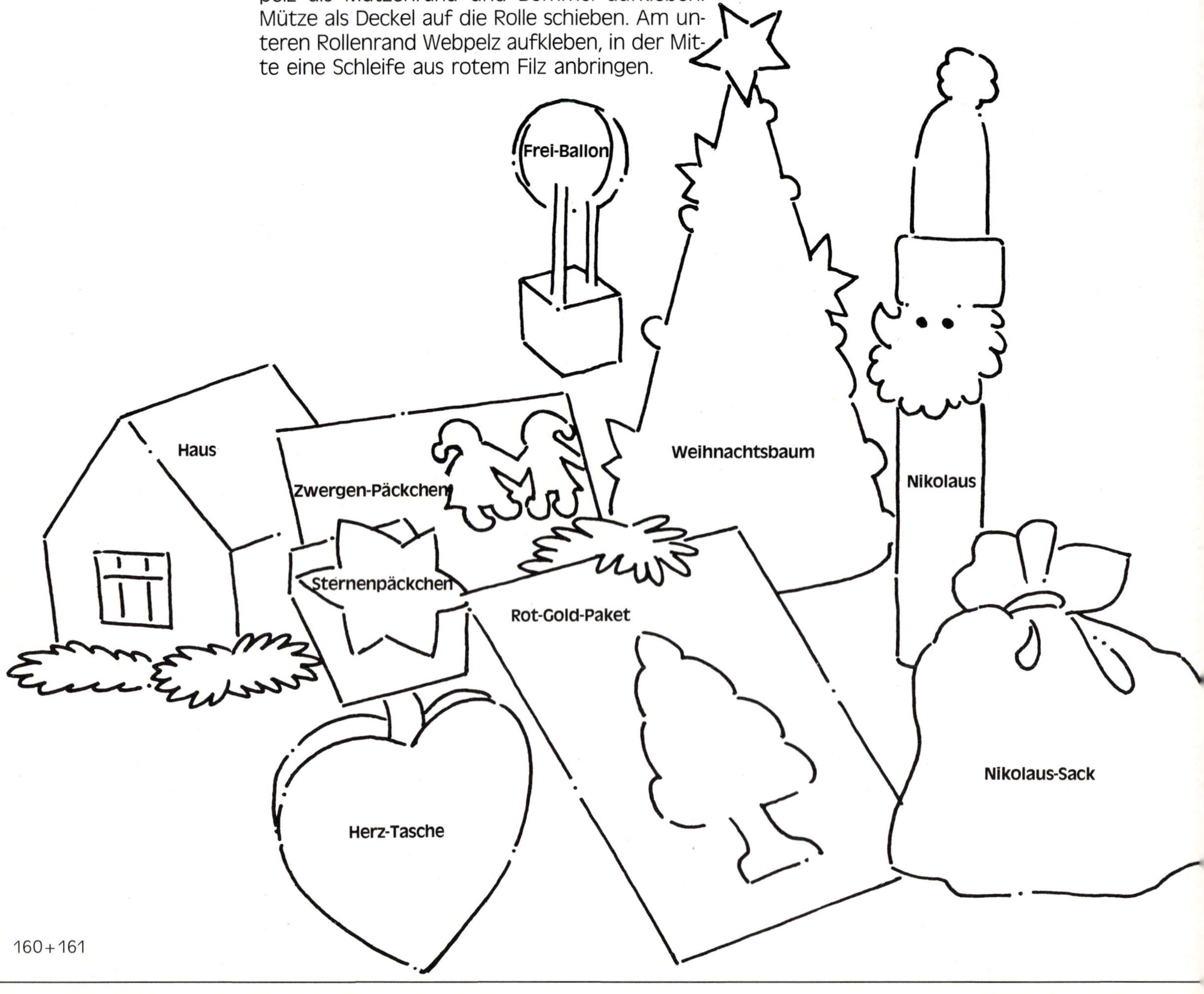

Rot-Gold-Paket

Ganz edel ist dieses Päckchen: Sie beziehen den Deckel mit rotem Filz, so daß der Deckel abnehmbar ist. Dann Prägefolie nach Zeichnung zuschneiden und mit einer stumpfen Stricknadel Muster eindrücken, dabei auf eine weiche Unterlage legen, Sterne zuschneiden und ebenfalls Muster eindrücken. Die fertigen Teile gut auf dem Filz festkleben. Das Päckchen mit Goldkordel und einer großen, goldenen Schleife verschließen. (Zeichnung siehe Seite 220)

Nikolaus-Sack

Aus einem Rest Rupfen einen Sack in der gewünschten Größe zuschneiden und zusammennähen. Kanten ausfransen. Goldstoffrest aufnähen und mit "Glitter paint" Schrift und "Stiche" aufmalen. Das Säckchen mit Seidenkordel schließen.

Herz-Tasche

Diese geflochtene Tasche kann in den verschiedensten Größen gebastelt werden. Den Ablauf des "Flechtens" zeigt die Zeichnung.
(Zeichnung siehe Seite 220)

Zwergen-Päckchen

(siehe Abbildung)
Paket rot einwickeln. Im Faltschnitt aus weißem Papier eine Zwergenreihe ausschneiden und aufkleben.

Weihnachtsbaum

Aus grünem Karton eine Tüte rollen und zusammenkleben oder eine ausgediente Schultüte grün überziehen. In die Öffnung Stoff oder Seidenpapier wie bei einer Schultüte kleben. Den Baum mit allem möglichen Weihnachtsbaumschmuck behängen. Das Geschenk hineingeben, den Stoff oder das Seidenpapier zubinden und den Baum aufstellen.

Sternenpäckchen

Schachtel mit Metallfolie bekleben. Einen Folienstreifen in Kontrastfarbe in Falten kniffen und mit der Schere so einschneiden, daß ein Faltstern entsteht. Diesen Stern auf die Päckchenmitte kleben und mit einem Paillettenstern verzieren.

Laßt uns froh und munter sein und uns an dem Punsch erfreun. Dampfend, würzig tra-le-ra-le-ra, bald ist Weihnachtsabend da. Was uns so die Seele wärmt, ist von allen meist umschwärmt. Fruchtig, fröhlich tra-le-ra-le-ra, bald ist Weihnachtsabend da.

Kehrt der Friede dann im Herzen ein, bleiben wir nicht gerne allein. Sag vielen Menschen tra-le-ra-le-ra, bald ist Weihnachtsabend da.

Exotischer Punsch

AUS DER BACKSTUBE

Exotischer Punsch

Das braucht man:

4 kleine Scheiben Ananas frisch oder aus der Dose
4 EL Ananassaft
1 Flasche trockenen Rotwein
75 — 100 g Zucker
1/4 l heißen, schwarzen, starken Tee
4 Gläschen Rum

So macht man's:

1. Ananasscheiben in kleine Stücke schneiden, mit dem Saft und so viel Rotwein in eine Schüssel geben, daß die Früchtestücke vollkommen bedeckt sind.

2. Restliche Zutaten erhitzen, aber nicht kochen lassen

3. Zum Schluß Ananasstückchen mit Flüssigkeit hinzufügen, mit erhitzen und sofort in vorgewärmten, feuerfesten Gläsern oder Bechern servieren.

TIP

Mit dem Zucker sparsam umgehen und den Punsch niemals kochen lassen. Immer den Wein dazu verwenden, den man auch bei Tisch trinkt, denn allzu billiger Wein hat kein Aroma. Das Rezept ergibt 8 Gläser Punsch.

Sahne-Punsch

Das braucht man:

1/2 l Sahne
4 Eigelb
200 g Zucker
1/4 l Rum, Arrak oder Cognac

Zum Bestäuben:

Zimt

So macht man's:

1. Sahne, Eigelb und Zucker verquirlen und im Wasserbad mit den Quirlen eines elektrischen Handquirls schaumig schlagen. Sobald die Masse aufsteigt und Blasen wirft, den Alkohol langsam unterschlagen.

2. Sofort in vorgewärmte Punschgläser verteilen und mit einem Hauch Zimt bestreuen.

3. Dazu Marzipangebäck servieren.

Glühender Punsch

Das braucht man:

1/2 l Orangensaft aus frisch gepreßten Früchten
Schale einer halben Zitrone
100 g Zucker
1 Päckchen Vanillezucker
1 Flasche trockenen Rotwein
2 Nelken
1 Stück Stangenzimt
2 — 3 Gläschen Orangenlikör

So macht man's:

1. Alle Zutaten in einen Punschtopf geben und bei schwacher Hitze langsam bis kurz vor dem Siedepunkt erwärmen. Nicht kochen lassen. Nur so entfaltet sich das volle Aroma der Gewürze.

2. Kurz vor dem Servieren Gewürze (Zitronenschale, Nelken und Zimt) aus dem Punsch nehmen.

3. Glühenden Punsch in vorgewärmten Gläsern oder Bechern servieren.
Punsch muß immer heiß getrunken werden, er schmeckt nur halb so gut, wenn er nicht die richtige Temperatur hat.

Morgen, Kinder, wird's was geben

Morgen, Kinder, wird's was geben,
Morgen werden wir uns freu'n!
Welch' ein Jubel, welch ein Leben
Wird in unserm Hause sein!
Einmal werden wir noch wach,
Heißa, dann ist Weihnachtstag!

Wie wird dann die Stube glänzen
Von der großen Lichterzahl,
Schöner als bei frohen Tänzen
Ein geputzter Kronensaal.
Wißt ihr noch vom vor'gen Jahr,
Wie's am Weihnachtsabend war?

Welch' ein schöner Tag ist morgen!
Viele Freuden hoffen wir;
Unsre lieben Eltern sorgen
lange, lange schon dafür.
O gewiß, wer sie nicht ehrt,
Ist der ganzen Lust nicht wert!

Es ist eine hübsche Sitte, zu Weihnachten Teller mit Jahreszahl zu sammeln oder zu verschenken. Dieses Jahr ist der Teller selbst bemalt und der Anfang einer einmaligen Sammlung.

Weihnachts-teller

1988
WEIHNACHTEN

AUS DER BASTELSTUBE

Weihnachtsteller

Das brauchen Sie:

Weiße Porzellanteller; Deka-Color, verschiedene Farben; feine Pinsel; Zeichenstift für Glas und Porzellan; Reibebuchstaben.

Ausführung:

Entwurf auf den fettfreien, sauberen Teller auftragen. Dazu den Spezialstift verwenden.

Teller 1:

Zunächst den Hintergrund mit den Wolken, Himmel und Schnee aufmalen. Gut durchtrocknen lassen, am besten über Nacht. Dann die Kirche, die Menschen und die Bäume malen. Zum Schluß nach dem Trocknen Schnee und Feinheiten anbringen. Mit Reibebuchstaben "Weihnachten" auf den Tellerrand reiben und mit farblosem Deka-Color überziehen.

Teller 2:

In zwei verschiedenen Blautönen malen. Zunächst auf dem Rand die Farbe mit einem Tempotuch verwischen und trocknen lassen. Dann Engelchen, Schrift und Konturen auf dem Rand aufmalen. Nach dem Trocknen zweite hellere Farbe als Schmuckfarbe verwenden für Sternchen und Verzierungen.

Teller 3:

Konturen in Schwarz malen, dann die Flächen deckend ausfüllen.

Die Teller können nach der Vorschrift auf der Farbe im Backofen gebrannt werden. Die Farbe wird dadurch härter, aber die Teller sind nicht als Eßgeschirr geeignet.

Übrigens:

Wollen Sie haltbarere Teller bemalen, dann besorgen Sie sich im Bastelgeschäft rohe Porzellanteller, die Sie mit Porzellanfarbe bemalen und dann brennen und glasieren lassen.

Weihnachtsglasbilder:

Die gleichen Motive wie für die Weihnachtsteller können auch für transparente Glasbilder verwendet werden.
In Bastelgeschäften gibt es fertig zugeschnittene, runde Glasscheiben mit Bleirand und Aufhängerkettchen. Diese Scheibe wird auf die Zeichnung gelegt, mit Konturenstift werden die Konturen nachgezeichnet. Anschließend werden die Flächen mit transparenter Glasmalfarbe ausgemalt.

Der Traum

Ich lag und schlief; da träumte mir
ein wunderschöner Traum:
Es stand auf unserm Tisch vor mir
ein hoher Weihnachtsbaum.

Und bunte Lichter ohne Zahl,
die brannten ringsumher;
die Zweige waren allzumal
von goldnen Äpfeln schwer.

Und Zuckerpuppen hingen dran;
das war mal eine Pracht!
Da gab's, was ich nur wünschen kann
und was mir Freude macht.

Und als ich nach dem Baume sah
und ganz verwundert stand,
nach einem Apfel griff ich da,
und alles, alles schwand.

Da wacht' ich auf aus meinem Traum,
und dunkel war's um mich.
Du lieber, schöner Weihnachtsbaum,
sag an, wo find' ich dich?

Da war es just, als rief er mir:
"Du darfst nur artig sein;
dann steh' ich wiederum vor dir;
jetzt aber schlaf nur ein!

Und wenn du folgst und artig bist,
dann bringet dir der Heil'ge Christ
den schönsten Weihnachtsbaum!"

**Hoffmann
von Fallersleben**

Liebesläutend zieht durch Kerzenhelle, mild, wie Wälderduft, die Weihnachtszeit. Und ein schlichtes Glück streut auf die Schwelle, schöne Blumen der Vergangenheit. Hand schmiegt sich an Hand in engem Kreise, und das alte Lied von Gott und Christ bebt durch Seelen und verkündet leise, daß die kleinste Welt die größte ist.

WEIHNACHTSWÜRFEL, nicht zum Spielen, als Gebäck die Herrlichkeit, sagen auch dem letzten Menschen: Auf zum Backen, es ist höchste Zeit!

Weihnachts-würfel

AUS DER BACKSTUBE

Weihnachtswürfel

Das braucht man:

200 g Margarine
200 g Farinzucker
2 Eier
1 EL gemahlenen Zimt
1 Messerspitze gemahlene Nelken
1 Messerspitze gemahlenen Kardamom
250 g Mehl
1 gestrichenen TL Backpulver
100 g geriebene Zartbitter-Schokolade
100 g gestoßenen Kandis
125 g abgezogene, grob gehackte Mandeln

Zum Bestreichen:

2 — 4 EL Himbeerkonfitüre

Für den Guß:

150 g Halbbitter Schokoladenkuvertüre

So macht man's:

1. Margarine schaumig rühren. Nach und nach Zucker, Eier, Zimt, Nelken und Kardamom zugeben.

2. Mehl und Backpulver mischen und eßlöffelweise unterrühren.

3. Schokolade, Grümel und Mandeln zu dem Teig geben, unterrühren und die Masse etwa 1 1/2 cm dick auf ein gefettetes Backblech streichen.

4. Bei 175 - 200° (Gasherd Stufe 3 - 4) in der Mitte des Backofens 15 - 20 Minuten backen.

5. Himbeerkonfitüre durch ein Sieb streichen, erhitzen und das noch heiße Gebäck gleichmäßig damit bestreichen. Auskühlen lassen.

6. Schokoladenkuvertüre im Wasserbad zu einer glatten Masse verrühren. Auf das kalte Gebäck geben und darauf verteilen. Kurze Zeit kalt stellen.

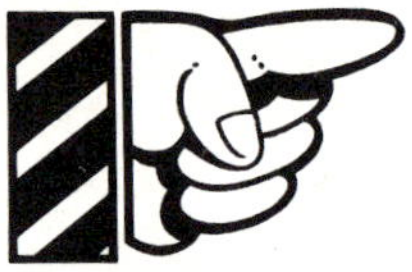

TIP

Die Weihnachtswürfel können mit Zuckerröschen, Silberstreuseln, Liebesperlchen oder gehackten, kandierten Früchten vor dem Erkalten der Schokoladenkuvertüre bestreut werden.

Schnelle Rumtaler

Das braucht man:

250 g Mehl
1 gestrichenen TL Backpulver
100 g Zucker
Mark einer halben Vanilleschote
1 1/2 Fläschchen Rum-Aroma
2 EL Milch
100 g Butter

Zum Wälzen:

Groben Zucker
Mark einer halben Vanilleschote

So macht man's:

1. Mehl und Backpulver mischen, auf die Tischplatte sieben. In die Mitte eine Vertiefung drücken.

2. Zucker, ausgekratztes Mark der Vanilleschote, Rum-Aroma und Milch hineingeben und mit einem Teil des Mehls zu einem dicken Brei verarbeiten.

3. Darauf die in Stücke geschnittene kalte Butter verteilen, mit etwas Mehl vom Rand bedecken und dann von der Mitte aus schnell zu einem glatten Teig verarbeiten.

4. Aus dem Teig 2 — 3 Rollen mit einem Durchmesser von etwa 3 cm formen.

5. Groben Zucker und Vanillemark mischen, Teigrollen darin wälzen und die Rollen so lange in den Kühlschrank legen, bis sie hart geworden sind.

6. Dann in 1/2 cm dicke Scheiben schneiden, auf ein gefettetes Backblech legen. Oberfläche der Scheiben nach Belieben auch in die Zucker-Vanillemischung drücken.

7. Bei 175 - 200° (Gasherd Stufe 3 - 4) in der Mitte des Backofens in etwa 10 Minuten goldgelb backen.

172 + 173

Christnacht-Schnitten

Das braucht man:

250 g Mehl
2 gestrichene TL Backpulver
175 g Zucker
1 Päckchen Vanillezucker
1 Prise Salz
1/2 Fläschchen Bittermandelöl
2 TL gemahlenen Zimt
2 Eier
50 g gehackte Mandeln
50 g gewürfeltes Zitronat

Zum Bestreichen:

2 EL Zucker
1 Päckchen Vanillezucker
1 - 2 EL Milch

Zum Bestreuen:

50 g gehackte Mandeln
50 g gewürfeltes Zitronat

So macht man's:

1. Mehl und Backpulver mischen, auf die Tischplatte sieben. In die Mitte eine Vertiefung drücken.

2. Zucker, Vanillezucker, Salz, Bittermandelöl, Zimt und Eier hineingeben und mit einem Teil des Mehls zu einem dicken Brei verarbeiten.

3. Mandeln und Zitronat darüberstreuen und dann alle Zutaten von der Mitte aus schnell zu einem glatten Teig verarbeiten. Sollte er kleben, noch etwas Mehl unterkneten.

4. Teig auf einem gefetteten Backblech zu einer Größe von etwa 32 x 46 cm ausrollen.

5. Zum Bestreichen Zucker, Vanillezucker und Milch verrühren, kurz erwärmen und gleichmäßig auf den Teig streichen.

6. Mandeln und Zitronat mischen und darüberstreuen.

7. Bei 175 - 200° (Gasherd Stufe 3 - 4) in der Mitte des Backofens 20 - 25 Minuten backen.

8. Gebäck sofort nach dem Backen in Rhomben, Quadrate, Dreiecke oder Rechtecke schneiden.

Sollte das Gebäck zu schnell erkalten und sich nicht mehr gut schneiden lassen, es einfach noch einmal kurz in den warmen Ofen schieben.

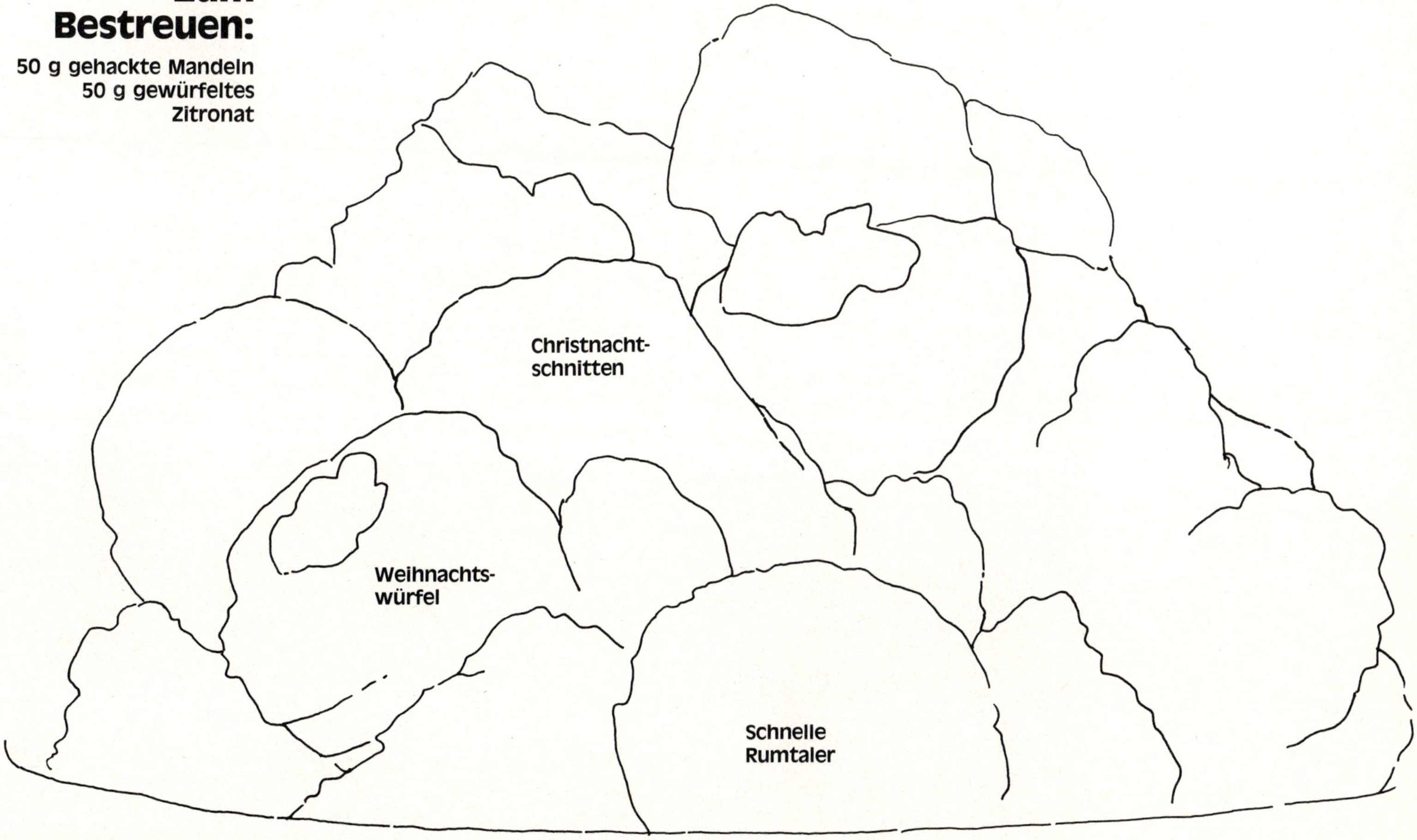

Engelchen und Weihnachtsmann

Puppen mögen nicht nur kleine Mädchen. Dieser putzige Nikolaus und sein zierliches Engelchen machen bestimmt auch bei großen Kindern Furore, "...und das nicht nur zur Weihnachtszeit..."

AUS DER BASTELSTUBE

Engelchen und Weihnachtsmann

Das brauchen Sie:

Baumwollhäkelgarn in Weiß, Blau, Rosa und Gelb; Häkelnadeln Nr. 3, 5; Füllwatte; etwas "Glitter paint" in Gold. Muster: feste Maschen, Stäbchen, Pikots.

Engelchen
Ausführung:

Es wird mit den Beinen begonnen.

Schuh:

In Blau 5 Luftmaschen häkeln, um die Luftmaschen herum feste Maschen arbeiten, so daß die Fußsohle entsteht, dabei in den beiden Enden jeweils 3 Maschen zunehmen. Nach 3 Runden mit Zunahmen geradeaus hochhäkeln ohne Zunahmen (2 Runden). Dann für die Schuhspitze in der Mitte einer Schuhseite die Arbeit wenden, zurückhäkeln, dabei jede 2. Masche überspringen, bis zur gegenüberliegenden Mitte häkeln, wieder wenden und so weiter arbeiten in 3 Reihen, so daß die Schuhspitze entsteht. Abschließend wieder eine Runde ringsherum häkeln, es bleiben 14 Maschen.

Bein:

Über diesen 14 Maschen in Weiß 12 Runden feste Maschen häkeln. Das zweite Bein ebenso arbeiten.

Rumpf:

Beide Beine nebeneinander halten und eine große Runde über beide Beine häkeln, dabei die mittleren 4 Maschen im Schritt nicht häkeln, die werden später zugenäht. Rumpf jetzt 12 Runden hocharbeiten, dann mit Watte die Beine und den Rumpf ausstopfen. Jetzt in 2 Runden jede 3. Masche überspringen, nächste Runde jede 2. Masche überspringen, Füllwatte nachfüllen und die Arbeit schließen.

Arm:

In Rosa 3 Luftmaschen zum Ring schließen und in 5 Runden auf 12 feste Maschen zunehmen. Dann in Weiß 12 Runden weiter arbeiten, Arm mit Füllwatte ausstopfen und zunähen. Den 2. Arm ebenso arbeiten. Die beiden Arme je 2 cm unterhalb der oberen Rumpfmitte seitlich annähen.

Kopf:

In Rosa 4 Luftmaschen zum Ring schließen.
1. Runde: 6 feste Maschen; 2. Runde: 2 feste Maschen in jede Masche der Vorrunde; 3. und 4. Runde: 2 feste Maschen in jede 2. Masche der Vorrunde; 5. und 7. Runde: 2 feste Maschen in jede 3. Masche der Vorrunde, insgesamt 35 Maschen; 7. bis 13. Runde: gerade hochhäkeln; 14. — 21. Runde: in Gelb so wieder abnehmen, wie am Anfang des Kopfes zugenommen wurde. Kopf ausstopfen und obere Öffnung schließen. Kopf fest auf den Rumpf aufnähen.

Augen:

In Blau Pünktchen aufsticken, dabei den Faden fest anziehen, daß die Augen ein wenig eingezogen werden, also das Gesicht dadurch geformt wird. Die Lippen in Rot mit zwei kleinen Stichen aufnähen.

Haare:

In Gelb einen Zopf flechten und schneckenförmig um den Kopf legen und festnähen.

Kleid:

38 Luftmaschen in Weiß anschlagen und zur Runde schließen. 1. Runde: feste Maschen, dabei in jeder 2. Masche der Luftmaschenkette 2 feste Maschen häkeln. 2. Runde: ebenso wie 1. Runde. 3. — 6. Runde: Stäbchen ohne Zunahmen. 7. Runde: Pikots in Blau.

Träger:

Je 2 Träger in Weiß aus 20 Luftmaschen häkeln, auf die Mitte der Träger je ein Dreieck in Gelb von je circa 3 cm Seitenlänge häkeln. Träger an das Röckchen nähen.

Wer Lust hat, kann nun das Engelchen noch mit "Glitter paint" festlich verzieren.

Das brauchen Sie:

"Nomotta" Corona: je 200 g rot und weiß; 50 g grün. "Nomotta" Rondino: 50 g rosa; Wollrest in Schwarz. Häkelnadeln Nr. 3, 5; Füllwatte. Muster: feste Maschen, Schlingenstich mit doppeltem Faden: Die Schlingen werden hinter der Arbeit gebildet, man beginnt mit einer Reihe fester Maschen, Arbeit wenden, 1 Luftmasche, Häkelnadel in die erste Masche einstechen, den linken Mittelfinger vor den Faden legen, mit dem anderen Ende des Fadens eine feste Masche häkeln, Finger aus der Schlinge nehmen und die nächste Schlinge arbeiten.

Weihnachtsmann Ausführung:

Beine:

Mit 8 Luftmaschen in grün beginnend in Runden feste Maschen häkeln, dabei am Anfang und Ende der Luftmaschenkette jeweils 3 Maschen zunehmen. Wenn die Sohle 7 cm lang ist, 2 Runden gerade hoch häkeln, danach in Runden weiterarbeiten, wobei an der Fußspitze so abgenommen wird, daß nach 4 Runden nur noch circa 20 Maschen in der Runde übrig sind; über diesen Maschen 4 cm hochhäkeln, Fuß ausstopfen. 2. Bein ebenso arbeiten.

Rumpf:

Für den Boden in Rot eine Platte von 18 cm ∅ häkeln.

Dann 20 cm gerade hocharbeiten, Arbeit teilen und in Hin- und Herreihen vorne und hinten hochhäkeln und dabei für die Armschräge rechts und links so abnehmen, daß noch circa 12 cm am Hals stehen bleiben.

Für den weißen Besatz im Schlingenmuster die Randmaschen des Bodens erfassen, in Runden 3 cm Schlingenmuster häkeln.

Arme:

16 Luftmaschen anschlagen in Weiß, 1,5 cm Schlingenmuster häkeln, dann in Rot 5 cm gerade hochhäkeln, dann rechts und links so abnehmen, daß nach 5 cm alle Maschen verbraucht sind. Ärmelnaht schließen, am unteren Rand mit festen Maschen Hand in Grün anhäkeln: Circa 6 Runden ohne Abnahmen, dann in 3 Runden auf 0 abnehmen, Faden vernähen, Arm mit Füllwatte ausstopfen, 2. Arm ebenso arbeiten.

Arme an Rumpf annähen, Rumpf ausstopfen, Füße an die Bodenplatte annähen.

Kopf:

In Rosa Teile nach Schnitt häkeln.
Die im Schnitt angegebenen Abnäher nicht wirklich arbeiten, sie verdeutlichen nur die Rundung, d.h. Sie müssen so zunehmen, daß die runde Form den Schnittmaßen entsprechend entsteht. Wenn Ihnen das zu kompliziert ist, dann häkeln Sie den Kopf direkt an den Rumpf an. Dabei arbeiten Sie in Runden und nehmen entsprechend den Schnittmaßen zu und ab. Bevor der Kopf geschlossen wird, wird er fest ausgestopft.

Mütze:

In Hin- und Rückreihen nach Schnitt häkeln. Zunächst 2 cm weiß Schlingenmuster, dann in Rot feste Maschen. Mützennaht schließen und die Mütze schräg auf den Kopf setzen und so annähen, daß die Schlingen das Gesicht umrahmen. Weißen Pompon annähen.

Bart:

In Weiß eine 20 cm lange Luftmaschenreihe häkeln, dann 2 Reihen feste Maschen arbeiten, anschließend 1 Reihe Schlingenmuster, wobei die Schlingen doppelt so lang wie üblich sein sollten. Sie können dazu statt um den Finger um ein entsprechend breites Stück Pappe arbeiten. Den Bart unsichtbar aufnähen.

Augen:

In Schwarz aufsticken.

Gürtel:

Über 6 Luftmaschen in festen Maschen ein Band von circa 45 cm Länge in Grün häkeln, aufnähen und mit schwarzer Schnalle besticken.
(Zeichnungen siehe Seite 221)

Stille Nacht,
heilige
Nacht.
Vor der Bescherung ist die
festliche Küche
noch einmal
erwacht.
Will bereiten, was
Gott uns gegeben
hat.
Will speisen mit Gemeinsamkeit in einem Haus. Will, daß
das Glück dort geht
ein und aus.
Will den Menschen
am Tisch und nicht
ein Phantom.
Komm, o Christkindlein komm.
Wir sagen dir Dank,
für das, was du uns
gibst.
Wir sagen dir Dank,
weil du uns liebst.
Hoffnung ist unser
tägliches Brot.
Gib es uns auch in
der Not.

Altdeutsches Weihnachtsessen

AUS DER FESTTAGSKÜCHE

Altdeutsches Weihnachtsessen

Broccolisuppe

Das braucht man:

1 Packung Tiefkühlbroccoli
2 Zwiebeln
2 EL Butter oder Margarine
1/2 l heiße Fleischbrühe
1/4 l Weißwein
1 Becher Crème fraîche
2 EL Stärkemehl
100 g gekochten Schinken
1 Dose Spargelabschnitte
1/2 TL weißer Pfeffer
1 Messerspitze Muskat
1 Bund frische Petersilie

So macht man's:

1. Den Broccoli wie auf der Verpackung beschrieben garen. Anschließend erkalten lassen.

2. Die Röschen von den Strünken trennen. Die Röschen als Einlage für die Suppe bereitstellen und die Strünke mit dem Mixer pürieren.

3. Zwiebeln schälen und in feine Würfel schneiden.

4. Fett in einem Topf auslassen und die Zwiebeln darin glasig dünsten.

5. Anschließend das Broccolipüree dazugeben und mit heißer Fleischbrühe, Weißwein und Crème fraîche aufkochen lassen.

6. Stärkemehl mit kaltem Wasser glattrühren und die Suppe damit leicht eindicken

7. Den Dosenspargel abtropfen lassen und in kleine Stücke schneiden.

8. Den gekochten Schinken vom Fett befreien und in kleine Würfel schneiden.

9. Spargelstücke, Broccoliröschen und Schinkenwürfel in die Suppe geben und einige Minuten heiß werden lassen. Nicht mehr aufkochen.

10. Mit weißem Pfeffer, Muskat, soweit erforderlich, mit Salz und Speisewürze abschmecken. Mit frischer gehackter Petersilie bestreuen.

Karpfen in Bierschaum

Das braucht man:

1 kg frischen Karpfen
1/2 l Weißwein
1/2 l Wasser
1/4 l Essig
1 EL Salz
1 Zwiebel
2 Lorbeerblätter
8 Gewürznelken
1 Zitrone

Für den Bierschaum:

3 Eigelb
1 Glas Eierlikör
1/8 l Exportbier
etwas Essig
etwas Zitronensaft
1/2 TL Salz
1/2 TL weißen Pfeffer
1 Messerspitze Kümmelpulver

Garnitur:

2 Bund frischen Schnittlauch

So macht man's:

1. Den Karpfen innen und außen reinigen, ab- und auswaschen. Am Rückgrat der Länge nach erst in zwei, dann in vier Portionen aufteilen.

2. Danach Weißwein, Wasser, Essig erhitzen, das Salz dazugeben.

3. Die Zwiebel halbieren und auf den Schnittflächen die Lorbeerblätter mit den Gewürznelken feststecken.

4. Die Zitrone auspressen und den Saft in den Sud gießen.

5. Sobald der Sud kocht, die Karpfenteile einlegen und ohne Kochen circa 18 Minuten bei kleiner Hitze ziehen lassen.

6. In der Zwischenzeit die Eigelbe, den Eierlikör unter tropfenweiser Hinzugabe des vorgewärmten Bieres auf warmem Untergrund schaumig schlagen, und zwar so lange, bis die Spuren des Schneebesens sichtbar bleiben.

7. Ein paar Tropfen Essig und Zitronensaft unterziehen.

8. Mit Salz, Pfeffer und Kümmel abschmecken.

9. Den Karpfen mit einem Schaumlöffel aus dem Sud nehmen, auf heißen Tellern anrichten und mit dem Bierschaum überziehen.

10. Obenauf mit feingeschnittenem frischen Schnittlauch bestreuen und zusammen mit kleinen Salzkartoffeln servieren.

Weihnachtsschnitten

Das braucht man:

200 g Butter oder Margarine
250 g Zucker
3 Eier
Backöl Vanille- oder Zitronengeschmack
etwa 650 g Mehl
1/2 Päckchen Backpulver
rote Marmelade, durch ein Sieb gestrichen

Zum Bestreichen:

Zuckerglasur

So macht man's:

1. Butter oder Margarine schaumig rühren.
2. Nach und nach Zucker und Eier hinzufügen und den Teig mit Vanille- oder Zitronengeschmack abschmecken.
3. 2/3 des mit Backpulver vermischten und gesiebten Mehls unterrühren.
4. Restliches Mehl unter den Teig kneten.
5. Sollte der Teig kleben, ihn einige Zeit zugedeckt kalt stellen.
6. Ca. 2/3 bis 3/4 des Teigs nicht zu dick ausrollen und auf ein gefettetes Blech legen.
7. Mit Marmelade bestreichen.
8. Restlichen Teig ausrollen und Streifen von ca. 1 cm Breite schneiden.
9. Diese gitterförmig auf den Kuchen legen.
10. Bei leichter Mittelhitze backen.
11. Die Gitterstreifen mit Zuckerglasur bestreichen und den Kuchen in Schnitten aufteilen.

Altdeutsche Schokolade

Das braucht man:

4 Gläschen Cognac
4 Stück Würfelzucker
4 Tassen heiße Schokolade
1 Becher geschlagene, süße Sahne
Raspelschokolade

So macht man's:

1. Vier feuerfeste Tassen, Becher oder Gläser leicht erwärmen. Angewärmten Cognac in die Tassen verteilen. Je ein Stück Würfelzucker hineingeben, anzünden und ausbrennen lassen. Dabei die Tassen leicht bewegen.
2. Mit heißer Schokolade auffüllen und auf jede Portion eine dicke Sahnehaube setzen.
3. Mit Raspelschokolade bestreuen und sofort servieren.

Eines kann man ganz bestimmt verraten:
Zur weihnachtlichen Tradition gehört auch der Gänsebraten.
Warum das so ist, heut' keiner mehr weiß. Ihn köstlich zuzubereiten, erfordert viel Fleiß.
GANS GUT! Werden die Tafelnden sagen, sich an dem raffinierten Rezepte laben.
Alt und jung gehören zusammen, wo die Weihnacht sie feierlich eint.
Traditionelles und zukünftiges zusammen, man meint.
Und ist die Gans — die gute Gabe Gottes — dann verzehrt, man unbedingt den Koch oder die Köchin ehrt.
Man kann dazu Schnaps, Wein oder Champagner vertreten, kann aber im stillen auch beten: "O lieber Gott, laß ihr oder ihm, für unser kulinarisches Leben, zur nächsten Weihnacht einen gleich guten Gedanken geben."

Traditionelles Weihnachtsessen

AUS DER FESTTAGSKÜCHE

Traditionelles Weihnachtsessen

Festliche Suppe mit frischen Radieschenblättern

Das braucht man:

4 Bund frische Radieschen
50 g Butter oder Margarine
4 mittelgroße Kartoffeln
1/2 l Fleischbrühe
1/2 l Weißwein
1 TL Salz
1/2 TL weißen Pfeffer
1 Messerspitze Muskat
2 EL Stärkemehl
2 Eidotter
1/4 l Crème fraîche
1 Bund frische Petersilie

So macht man's:

1. Die Radieschen von den Blättern trennen und zum weiteren Verzehr im Kühlschrank aufbewahren. Die Radieschenblätter verlesen, entstielen und gründlich waschen.

2. In einem Topf Butter oder Margarine schmelzen, die Radieschenblätter circa 3 Minuten darin anschwitzen.

3. Die Kartoffeln schälen, in kleine Würfel schneiden und zu den Radieschenblättern geben.

4. Mit Fleischbrühe und Weißwein auffüllen, salzen und pfeffern und mit Muskatnuß würzen. Rund 20 Minuten bei mittlerer Hitze kochen lassen.

5. Das Stärkemehl mit etwas kaltem Wasser glattrühren, die Suppe damit eindicken.

6. Anschließend die Suppe vom Feuer nehmen, durch die feine Scheibe des Fleischwolfes laufen lassen oder mit dem Mixer pürieren.

7. Nochmals heiß werden, aber nicht mehr kochen lassen. Eidotter mit Crème fraîche oder Sahne verrühren und langsam unter die Suppe ziehen.

8. Vor dem Servieren mit feingehackter Petersilie bestreuen.

Gefüllte Weihnachtsgans

Das braucht man:

1 Gans, circa 3 - 4 kg schwer
1 EL Salz
1 TL Pfeffer
400 g Kartoffeln
2 Zwiebeln
400 g Bratwurstfülle
150 g durchwachsenen Speck
2 Bund frische Petersilie
1 EL Majoran
4 Eier
50 g Mehl
50 g Semmelbrösel
1/4 l Weißwein
1/8 l Essig
6 EL Quittengelee
1/2 l Bratensauce
etwas Stärkemehl
4 cl Weinbrand oder Cognac

So macht man's:

1. Die Gans mit lauwarmem Wasser waschen, abtrocknen, mit Salz und Pfeffer außen abreiben und stehenlassen.

2. Die Kartoffeln kochen, schälen und heiß durch die feine Scheibe des Fleischwolfes drehen.

3. Speck und Zwiebeln in feine Würfel schneiden, in einem Topf anschwitzen, die Bratwurstfülle dazugeben und erhitzen.

4. Vom Feuer nehmen und mit der Kartoffelmasse, der gehackten Petersilie, dem Majoran, den Eiern, dem Mehl und den Semmelbröseln zu einer geschmeidigen Masse verarbeiten.

5. Die Gans damit füllen. Die Füllung immer wieder in Etappen mit dem Handrücken festdrücken. Anschließend die Öffnung der Gans zunähen, mit Wasser in ein Bratgeschirr geben.

6. Bei 220 Grad braten, das verdunstete Wasser ab und zu ergänzen und die Gans gut damit begießen.

7. Nach 90 Minuten, wenn die Gans eine schöne Farbe hat, wird sie nicht mehr mit Wasser, sondern abwechselnd mit Essig und Weißwein abgelöscht und weitere 60 bis 90 Minuten gebraten.

8. Danach nimmt man sie heraus, gibt die heiße Bratensauce (Fertigprodukt) zum Bratensaft, rührt den Quittengelee darunter und läßt das Ganze aufkochen.

9. Soweit erforderlich, kann man die Sauce mit Stärkemehl weiter eindicken. In jedem Falle wird sie zum Schluß mit Weinbrand oder Cognac verfeinert, dann getrennt zur Gans gereicht.

184 + 185

Champagnerkraut

Das braucht man:

50 g Butter oder Margarine
100 g Kasseler Ripperl
2 Zwiebeln
1 Dose Sauerkraut (500 g)
1/4 l Fleischbrühe
1/8 l Weißwein
3 große Äpfel
2 große Kartoffeln
2 EL Zucker
1 Zwergflasche Champagner oder Sekt
1 Bund frischen Schnittlauch

So macht man's:

1. Butter oder Margarine in einem Topf schmelzen, das in kleine Würfel geschnittene Kasseler Ripperl dazugeben und leicht Farbe nehmen lassen.

2. Die Zwiebeln fein hacken und mitschwitzen.

3. Anschließend das Sauerkraut in den Topf geben, mit heißer Fleischbrühe und Weißwein angießen. Zugedeckt bei mäßiger Hitze rund 40 Minuten dünsten.

4. In der Zwischenzeit die Äpfel schälen, vierteln, entkernen und mit den ebenfalls geschälten Kartoffeln durch die feine Scheibe des Fleischwolfes drehen, mit dem Zucker verrühren und unter das Sauerkraut ziehen.

5. So lange rühren, bis das Kraut die Bindung angenommen hat, dann vom Feuer nehmen und mit dem Champagner oder Sekt spritzig machen.

6. Mit Schnittlauch bestreut servieren.

Pfifferlingknödel

Das braucht man:

750 g gekochte Kartoffeln
500 g rohe Kartoffeln
65 g Mehl
1 Ei
1 EL Salz
1 TL weißen Pfeffer
1/2 TL Muskat
1/2 Dose Pfifferlinge
50 g durchwachsenen Speck
2 Zwiebeln
1 Bund Petersilie
1/2 TL weißen Pfeffer
1 TL Thymian
2 EL Frischkräuter

So macht man's:

1. Die vorgekochten Kartoffeln durch die feine Scheibe des Fleischwolfes drehen. Die Masse auskühlen lassen.

2. Die rohen Kartoffeln reiben, die Masse mit einem Tuch gut ausdrücken.

3. Beide Kartoffelmassen gut miteinander vermischen, mit dem Mehl, dem Ei, Salz, Pfeffer und Muskat gut verrühren, einige Minuten stehenlassen.

4. In der Zwischenzeit die Pfifferlinge gut abtropfen, fein hacken.

5. Den durchwachsenen Speck in Würfel schneiden und in der Pfanne auslassen, die feingehackten Zwiebeln mitschwitzen. Dann die Pfifferlinge dazugeben, Petersilie darüberstreuen, mit Pfeffer und Thymian würzen.

6. Diese Mischung in die Kartoffelmasse drücken, einen festen Teig daraus kneten und faustgroße Knödel formen.

7. Wasser zum Kochen bringen, salzen und die Knödel darin 15 bis 18 Minuten garziehen lassen.

8. Vor dem Servieren mit frischen Kräutern bestreuen.

Holundergefrorenes

Das braucht man:

500 g Äpfel
1/4 l trockenen Weißwein
5 Gewürznelken
1 Zimtstange
3 EL Zucker
1/4 l Holunder-Muttersaft (Reformhausprodukt)
4 EL Blütenhonig
1 Zitrone
2 cl Apfelschnaps
4 Eiweiß
1 Zwergflasche Sekt
4 Schnapsgläser Wodka

So macht man's:

1. Die Äpfel schälen, vierteln, entkernen und in Scheiben schneiden.

2. Weißwein mit Gewürznelken, Zimtstange, Zucker in einem Topf aufkochen, die Apfelscheiben dazugeben, bei mittlerer Hitze fünf Minuten weich dünsten, anschließend auskühlen lassen und pürieren.

3. Den Holundersaft mit Honig, der geriebenen Zitronenschale, dem Zitronensaft aufkochen, die pürierten Äpfel mit Flüssigkeit darunterziehen, mit Apfelschnaps versetzen.

4. Vom Feuer nehmen, auskühlen lassen. Eiweiß zu steifem Schnee schlagen, vorsichtig unter die Masse heben, dann in die Form füllen und im Gefrierfach des Kühlschrankes mindestens 12 Stunden frosten.

5. Vor dem Servieren herausnehmen, in eine Rührschüssel stürzen, Sekt und Wodka dazugeben und mit dem Schneebesen oder einem Rührgerät verschlagen. Anschließend in die vorgefrosteten Sektflöten oder Sektschalen füllen und sofort servieren.

Man kann es hören, draußen im Wald, wenn der Schnee herunterfallt. Wenn sich von seiner Schwere das Asterl abbiegt, wenn ganz erschreckt ein Vogel auffliegt.
Es schauen die Hasen und Reh nach einer Futterkrippe suchend über den Schnee.
Wir Menschen, wir haben's da nicht so schwer, denn ein guter Geist in der Familie zaubert auch an den Feiertagen Kulinarisches zum Essen her.
Vom Besten das Beste — ein zarter Rehrücken — mit dem kann man wirklich beglücken.
Die wilde, verwegene Jagd eines Jahres, die ist ja längst passé:
Geblieben ist unser kulinarisches Weihnachtsessen, ein leckerer Rehrücken mit zartem Broccolipüree.

Kulinarisches Weihnachtsessen

AUS DER FESTTAGSKÜCHE

Kulinarisches Weihnachtsessen

Drink "Gloria"

Das braucht man:

4 Gläschen Apricot Brandy
8 Gläschen trockenen Weißwein, Sekt,
4 Zitronenscheiben

So macht man's:

1. 4 Longdrink-Gläser mit einem Zuckerrand versehen. Dazu die Glasränder etwa 1/2 cm tief in kurz verschlagenes Eiweiß und dann in möglichst groben Zucker tauchen. Trocknen lassen.

2. Jeweils ein Gläschen Apricot Brandy und zwei Gläschen Wein hineingeben.

3. Mit gut gekühltem Sekt auffüllen.

4. Jedes Glas mit einer Zitronenscheibe garnieren. Sofort servieren.

Kalbsleber auf Ananasring

Das braucht man:

4 Scheiben frisches Weißbrot
2 TL Butter
4 kleine Scheiben Ananas frisch oder aus der Dose
etwa 125 g Kalbsleber
1 kleine Zwiebel
1 EL sehr fein gehackte Petersilie
1 EL Butter
2 EL Crème fraîche
etwas Zitronensaft oder Weißwein
Salz
1 Kästchen Kresse

So macht man's:

1. Weißbrotscheiben in der Größe der Ananasscheiben ausschneiden und in 2 Teelöffel zerlassener Butter goldgelb rösten. Warm stellen.

2. Ananasscheiben in derselben Pfanne leicht bräunen lassen.

3. Leber in sehr kleine Würfel schneiden. Zwiebel und Petersilie fein hacken.

4. 1 Eßlöffel Butter in einer Pfanne erhitzen, aber nicht zu heiß werden lassen und Leber, Zwiebel und Petersilie kurz darin braten.

5. Crème fraîche unterziehen und die Masse mit Zitronensaft (Wein) und Salz abschmecken.

6. Weißbrottaler mit einer Scheibe Ananas bedecken und die Lebermasse bergförmig darauf anrichten.

Nach Belieben mit einem Kressekranz umlegen. Dazu schmeckt Madeira.

Wintersalat

Das braucht man:

500 g Feldsalat
2 Stangen Lauch
2 mittelgroße Zwiebeln
2 EL Zitronensaft
1 EL Essig
2 EL Weißwein
1 Glas Weinbrand
1 Knoblauchzehe
1 TL Salz
flüssigen Süßstoff

So macht man's:

1. Den Feldsalat verlesen, waschen und auf einem Sieb abtropfen lassen.

2. Den Lauch der Länge nach halbieren, waschen und in feine Streifen schneiden.

3. Zwiebeln schälen und fein hacken.

4. In einer Pfanne Lauch und Zwiebeln anschwitzen.

5. Mit Zitronensaft, Essig, Weißwein und Weinbrand ablöschen.

6. Die mit Salz zerriebene Knoblauchzehe dazugeben und einmal aufkochen.

7. Einen Tropfen flüssigen Süßstoff dazugeben.

8. Dann vom Feuer nehmen und auskühlen lassen.

9. Feldsalat mit dem Dressing anmachen, gut mischen und durchziehen lassen.

Rehrücken mit Broccoli-Püree

Das braucht man:

1 Rehrücken
Salz
Pfeffer aus der Mühle
6 Wacholderbeeren
6 dünne Scheiben durchwachsenen Speck
2 EL Margarine
1/4 l saure Sahne
3/8 l heißes Wasser
2 EL Johannisbeergelee
etwas Speisestärke

Für das Püree:

3 Tassen Wasser
Salz
2 Päckchen tiefgekühlten Broccoli
3 EL Crème fraîche oder Sahne
Pfeffer aus der Mühle
Muskat

So macht man's:

1. Küchenfertigen Rehrücken würzen und mit den zerstoßenen Wacholderbeeren einreiben. Speckstreifen darüberlegen.

2. Backofen bei 200 - 220° (Gasherd Stufe 4 - 5) vorheizen. Rehrücken in den im Backofen erhitzten Bräter legen. Mit zerlassener Margarine übergießen und 15 - 20 Minuten braten.

3. Danach Sahne über den Rehrücken verteilen und weitere 15 - 20 Minuten braten.

4. Rehrücken aus dem Bräter nehmen und warm stellen.

5. Bratensud mit heißem Wasser loskochen, durch ein Sieb gießen und mit Johannisbeergelee und den Gewürzen abschmecken. Nach Belieben mit etwas in kaltem Wasser verquirlter Speisestärke binden.

6. Rehrücken mit einem scharfen Messer von den Knochen lösen, Fleisch schräg in Scheiben schneiden, auf einer vorgewärmten Platte anrichten oder wieder auf das Knochengerüst legen.

7. Während der Rehrücken brät, für das Püree Wasser und Salz zum Kochen bringen. Broccoli hinzufügen und darin garen. Nicht zu weich kochen, das Gemüse soll noch einen Biß behalten.

8. Broccoli mit so viel von dem Kochwasser im Mixer pürieren, daß eine feste, cremeartige Masse entsteht, Crème fraîche (Sahne) unterziehen und mit Salz, Pfeffer und Muskat abschmecken.

9. Broccoli-Püree zusammen mit dem Rehrücken auf einer Platte anrichten. Soße getrennt dazu reichen.

10. Als Beilage Kartoffelschaum. Einfach unter Kartoffelpüree süße Sahne und einen großen Stich Butter ziehen.

Orangencreme

Das braucht man:

2 Eigelb
3 EL Zucker
3/8 l Orangensaft frisch gepreßt
Saft 1 Zitrone
4 Blatt weiße Gelatine
1/4 l Sahne
4 geschälte Orangenscheiben
gebräunte Spaltmandeln

So macht man's:

1. Eigelb und Zucker schaumig rühren. Nach und nach Orangen- und Zitronensaft hinzufügen.

2. Gelatine in kaltem Wasser einweichen. Ausdrücken, im Tropfwasser bei schwacher Hitze unter ständigem Rühren auflösen.

3. Mit der Eiermasse verquirlen.

4. Sobald die Masse beginnt, dicklich zu werden, Sahne steif schlagen und locker unterziehen.

5. Orangencreme in Gläser verteilen und kühl stellen.

6. Kurz vor dem Servieren die Creme mit Orangenscheiben und Spaltmandeln verzieren. Dazu leichtes Gebäck reichen.

Halloween Coffee

Das braucht man:

1/4 l heißer, starker Kaffee
1 Orange (Schale chemisch unbehandelt)
Zucker nach Geschmack
0,1 l geschlagene Sahne
Zimt
2 TL Schokoladen-Raspeln

So macht man's:

1. In der Kaffeemaschine Kaffee zubereiten.

2. Diesen heiß über die in dünne Scheiben geschnittenen Orangen gießen und 20 Minuten ziehen lassen.

3. Kaffee durch ein Sieb gießen, Sahne obenauf geben, mit jeweils 1 Prise Zimt bestäuben und mit Schokoladen-Raspeln verzieren.

4. Mit Trinkhalm servieren.

Heilig Abend beginnt schon vor der Haustür. Romantiker schmücken Garten und Zaun mit Kerzen und tauschen die Außenleuchten gegen einen großen "Kometen", hier könnte die Heilige Familie eintreten.

Weihnachtskomet

AUS DER BASTELSTUBE

Weihnachtskomet

Das brauchen Sie:

Sperrholz (machen Sie sich zunächst einen Papierschnitt, den Sie zum Einkauf des Holzes mitnehmen), 2 mal in Kometgröße; 10 Rundhölzer 5 mm ∅, je 6 cm lang; gelbes Transparentpapier in Sterngröße; Alufolie; schwarze Farbe (Plaka); Pinsel; Klebstoff; Laub- oder Stichsäge; feine Nägel.

Ausführung:

Zunächst die äußere Sternform zweimal aussägen. Dann einen Stern innen so aussägen, wie die Zeichnung es zeigt.

Die Sternform, die als Rückwand dient, wird nur an einer Stelle — wo die Lampe durchgesteckt wird — entsprechend groß rund ausgesägt. In den Kometenschweif wird ein Loch zum Aufhängen eingebohrt.

Alle Holzteile, auch die Rundhölzer, schwarz anmalen. Transparentpapier auf die Rückseite des vorderen Sterns aufkleben. Innenseite des rückwärtigen Sterns mit Alufolie bekleben, dabei einen 2 cm breiten, schwarzen Rand lassen. Jetzt die Rundhölzer zwischen vorderen und rückwärtigen Stern jeweils an den Spitzen festnageln. Dabei zunächst die Rundhölzer auf den rückwärtigen Stern nageln, dann den vorderen darauflegen, so daß er wie auf Säulen steht und annageln. Mit Farbe die Nägel übermalen. Jetzt kann der fertige Stern über der Lampenfassung Ihrer Außenlampe aufgehängt werden.

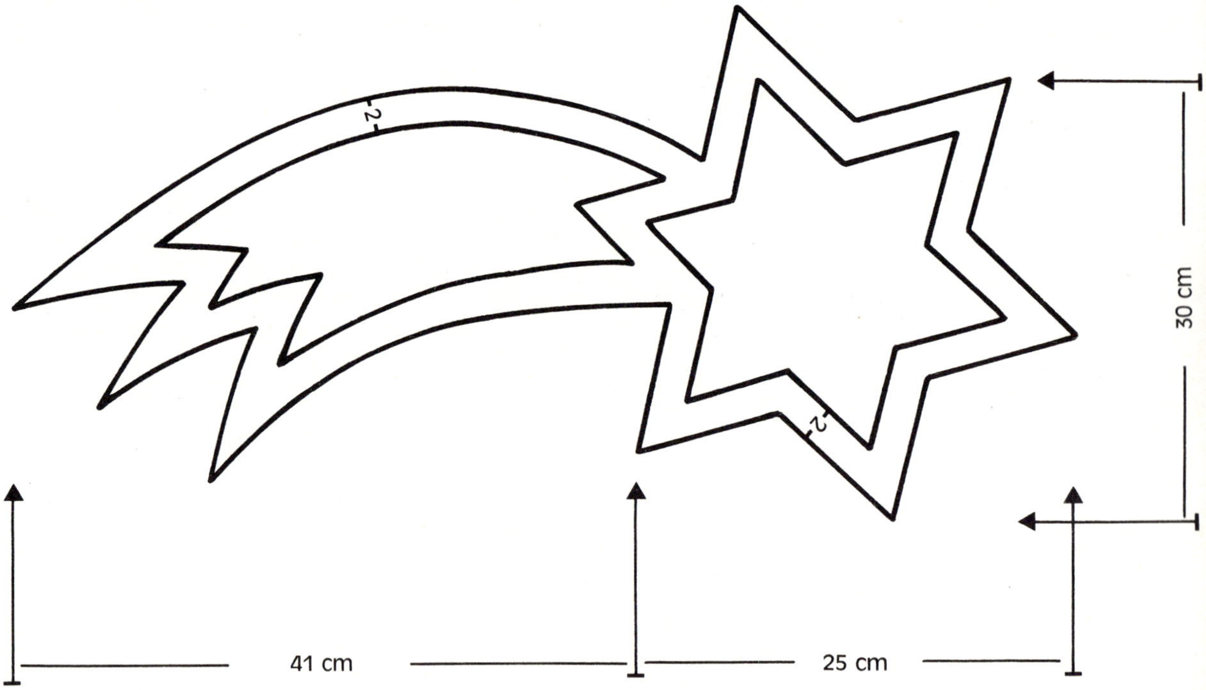

Das ganze Haus im Lichterglanz

Drücken Sie Ihre Vorfreude auf den heiligen Abend durch viele brennende Kerzen aus.
Stecken Sie von der Gartenpforte bis zur Haustür rechts und links vom Weg Fackeln in den — hoffentlich vorhandenen — Schnee oder in die Blumenbeete. Auf den Gartenzaun kleben Sie mit Klebewachs weiße Weihnachtskerzen.
Kurz bevor Oma und Opa zum Festessen eintreffen, werden dann die Kerzen und die Fackeln entzündet, der Komet über der Tür angeschaltet und alle übrigen Lichter ausgedreht.

Das ist eine romantische Einstimmung auf die folgenden festlichen Stunden.

Auch wenn Sie nicht in einem Einzelhaus wohnen, können Sie solche Weihnachtsstimmung zaubern. Dekorieren Sie die Fensterbretter außen dicht an dicht mit Teelichtern und schmücken Sie das Treppengeländer mit Tannengrün und elektrischen Weihnachtsbaumkerzen.

Bastelanleitungen sowie weitere Rezepte aus der Backstube

AUS DER BACKSTUBE

Knusperhäuschen

zu Seite 116

Haus

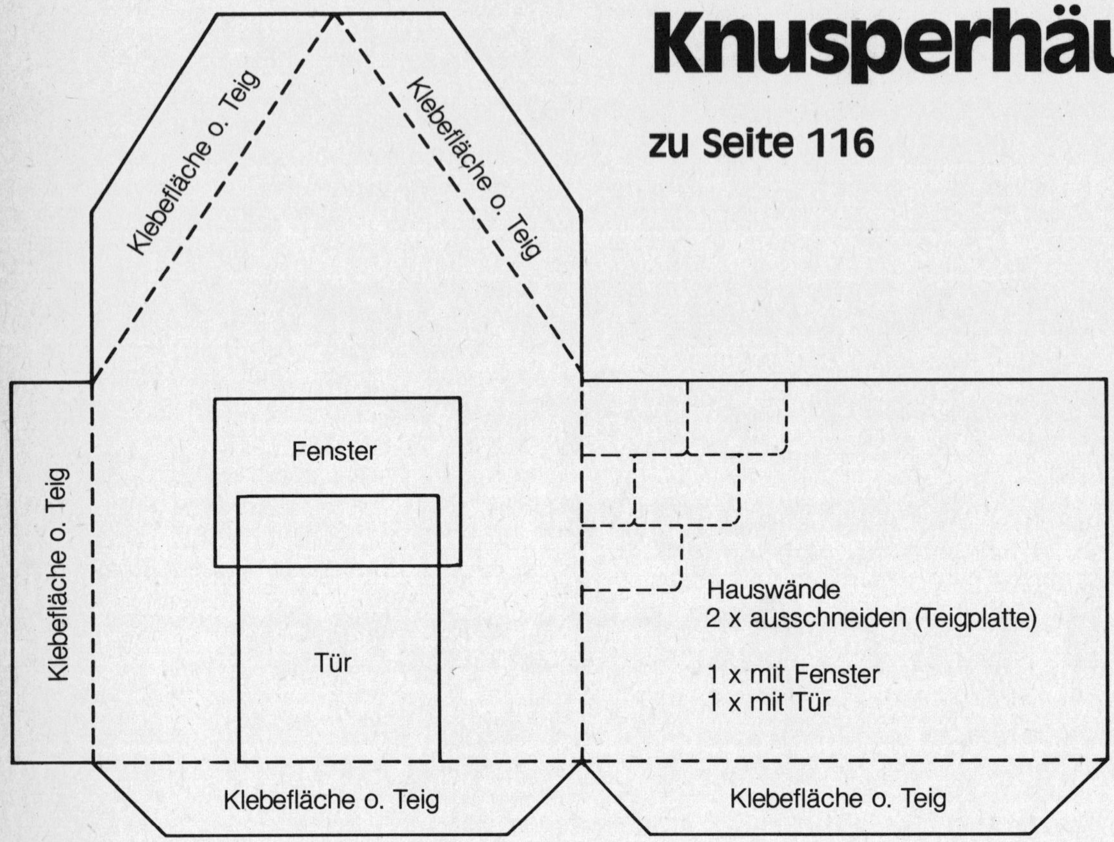

Dach

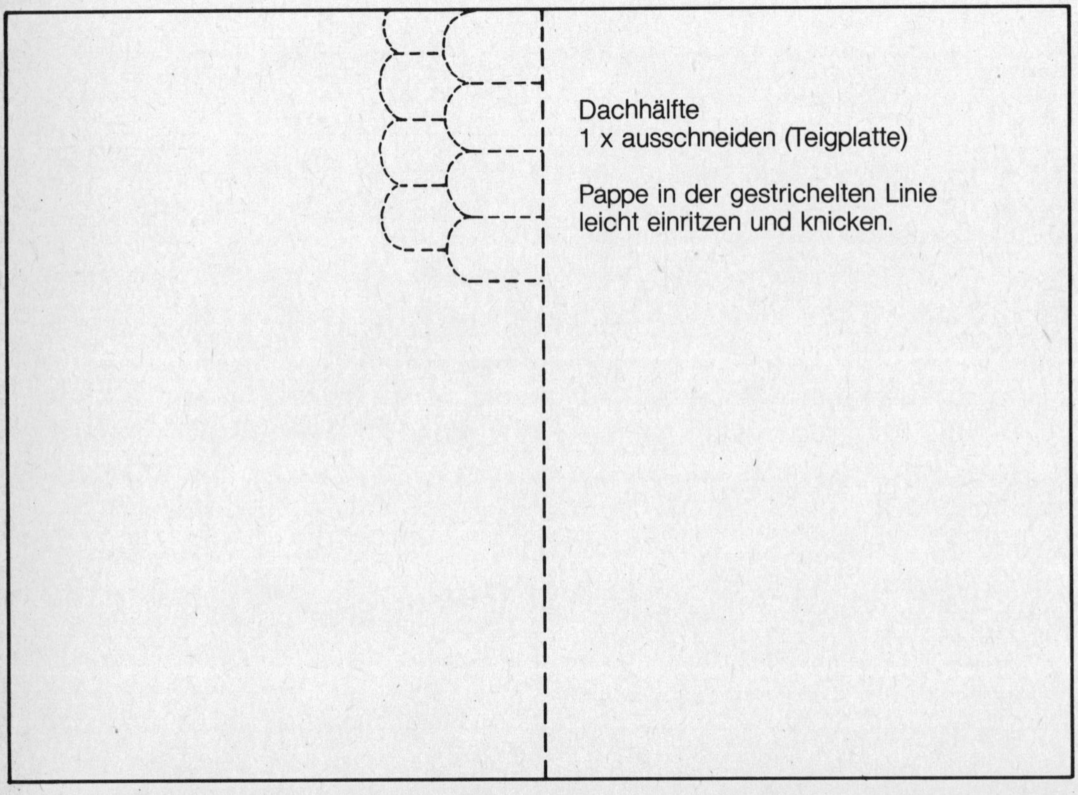

Festtagsherz

Das braucht man:

250 g Butter
250 g Zucker
1 Päckchen Vanillezucker
2 Eier
4 Eigelb
2 EL Rum
150 g Mehl
100 g Speisestärke
3 gestrichene TL Backpulver

Zum Bestreichen:

2 — 3 EL Aprikosen-Konfitüre

Für den Guß:

150 — 200 g Schokoladenkuvertüre

Zum Garnieren:

Weihnachtliche Zuckerblüten
Marzipanherzen usw.

So macht man's:

1. Butter schaumig rühren. Nach und nach Zucker, Vanillezucker, Eier, Eigelb und Rum hinzufügen.

2. Mehl, Speisestärke und Backpulver mischen, sieben und eßlöffelweise unterrühren.

3. Eiweiß zu steifem Schnee schlagen und locker unter den Teig heben.

4. Boden einer Herzform mit gefettetem Pergamentpapier auslegen. Einen gut gehäuften Eßlöffel Teig gleichmäßig (eventuell mit einem Pinsel) darauf verstreichen.

5. Herzform auf dem Rost in die Oberschiene des mit 250° (Gasherd Stufe 6) vorgeheizten Backrohres schieben und so lange backen, bis der Teig hellbraun geworden ist.

6. Als zweite Schicht wieder 1 — 2 Eßlöffel Teig auf der gebackenen Schicht verstreichen, Form wie vorher in das Bratrohr schieben. Auf diese Weise so viele Schichten auftragen, bis die Form voll ist.

7. Herz vom Rand mit einem Messer lösen und auf einen Kuchenrost stürzen.

8. Restlichen Teig auf die gleiche Art in der wieder mit Pergamentpapier ausgelegten Form backen.

9. Sollten die Teigherzen sehr "feucht" sein, muß man sie, nachdem sie aus der Form gestürzt sind, nochmals kurz auf einem Backblech in den heißen Backofen schieben und ein paar Minuten weiterbacken.

10. Gut ausgekühlte Herzen mit etwas durch ein Sieb gestrichener Aprikosenkonfitüre zusammensetzen. Herzoberfläche und -rand ebenfalls gleichmäßig mit Konfitüre bestreichen.

11. Für den Guß Kuvertüre bei schwacher Hitze zu einer glatten Masse verrühren und das Herz gleichmäßig damit überziehen. Nach Belieben ein Muster in den leicht abgekühlten Guß ziehen oder das Herz mit weihnachtlichen Süßigkeiten wie Zuckerblüten, Marzipanrollen, Silberpuder oder kandierten Früchten verzieren.

Holländische Torte

Das braucht man:

3 helle Biskuitböden (Fertigprodukt)
1/4 l Eierlikör
4 gestr. EL Pulverkaffee
2 gestr. TL Kakao
1 EL Puderzucker
10 Blatt Gelatine
1/2 l Sahne
2 EL Orangenkonfitüre
200 g halbbittere Kuvertüre
12 Baisers oder Eierlikörkonfekt

So macht man's:

1. Biskuitböden voneinander lösen.

2. Eierlikör, Pulverkaffee, Kakao und Puderzucker verrühren.

3. Gelatine einweichen, gut ausdrücken und in wenig Wasser bei schwacher Hitze auflösen.

4. Gelatine unter die Eierlikörmasse rühren und kalt stellen.

5. Sahne steif schlagen und unter die dicklich werdende Creme ziehen.

6. Einen Tortenboden mit der Hälfte der Creme bestreichen.

7. 2. Boden auflegen und restliche Creme darauf verteilen.

8. Mit dem 3. Boden abdecken.

9. Orangenkonfitüre glattrühren und damit Rand und Deckplatte der Torte dünn bestreichen.

10. Mit der aufgelösten Kuvertüre überziehen und mit Baisers oder Eierlikörkonfekt verzieren.

Kiwi-Sahne-Torte

Das braucht man:

4 Eiweiß
4 EL kaltes Wasser
200 g Zucker
1 Päckchen Vanillezucker
4 Eidotter
80 g Mehl
80 g Stärkemehl
1 TL Backpulver

Für die Füllung:

10 Kiwis
4 EL Erdbeerkonfitüre
1 EL Cognac
3/4 l Sahne
2 EL Zucker
3 Päckchen Sahnesteif

So macht man's:

1. Eiweiß und Wasser schlagen. Unter ständigem Schlagen Zucker und Vanillezucker langsam einstreuen.
2. Eidotter schaumig schlagen und auf die Eiweißmasse geben.
3. Mehl, Stärkemehl und Backpulver darübersieben und alles vorsichtig miteinander vermischen.
4. Teig in eine mit Pergamentpapier ausgelegte Springform von ca. 26 cm Durchmesser füllen und im auf 200° (Gasherd Stufe 3 - 4) vorgeheizten Backofen etwa 30 Minuten backen.
5. Boden aus der Form lösen und auskühlen lassen.
6. Tortenboden zweimal durchschneiden.
7. Kiwis schälen und in dicke Scheiben schneiden.
8. Erdbeerkonfitüre durch ein Sieb streichen und mit Cognac verrühren.
9. Sahne mit Zucker und Sahnesteif steif schlagen.
10. Unteren Tortenboden mit der Hälfte der Kiwis belegen.
11. Darüber 1/3 der Sahne streichen. Mit dem zweiten Boden bedecken.
12. Darauf die restliche Konfitüre verteilen und wieder mit Kiwis belegen.
13. Mit der Hälfte der restlichen Sahne bestreichen und den dritten Boden auflegen. Leicht andrücken.
14. Rand und obere Seite der Torte gleichmäßig mit der restlichen Sahne bestreichen.
15. Torte nach Belieben mit einigen Kiwischeiben verzieren und mindestens 2 - 3 Stunden im Kühlschrank durchziehen lassen.

Preiselbeer-Sahne-Torte

Das braucht man:

3 dunkle Wiener Böden (Fertigprodukt)
400 g Preiselbeeren (Glas)
3/4 l Sahne
1 EL Puderzucker
3 Päckchen Sahnesteif

Zum Verzieren:

Schokoladenblättchen oder -streusel
Schokoladentäfelchen

So macht man's:

1. Biskuitböden vorsichtig voneinander lösen.
2. Preiselbeeren auf ein Sieb zum Abtropfen geben.
3. Sahne kurz anschlagen.
4. Puderzucker und Sahnesteif vermischen und zur Sahne geben. Vollkommen steif schlagen.
5. Gut die Hälfte der Sahne mit den Preiselbeeren vermischen.
6. Den 1. Tortenboden mit der Hälfte der Preiselbeeren bestreichen.
7. 2. Tortenboden auflegen und mit der restlichen Preiselbeersahne bedecken.
8. 3. Boden auflegen.
9. Rand und Deckel der Torte gleichmäßig mit Schlagsahne bestreichen und den Rand mit Schokoladenblättchen bestreuen.
10. Torte mit restlicher Sahne garnieren und nach Belieben mit Schokoladentäfelchen verzieren.
11. Die Torte schmeckt noch besser, wenn die einzelnen Tortenböden leicht mit Cognac getränkt werden.

Weihnachtstorte "Elisabeth"

Das braucht man:

7 Eier
270 g Zucker
125 g Mehl
1 Msp. Backpulver
270 g abgezogene Mandeln
100 g Orangeat
100 g Feigen

Für die Füllung:

3 EL durch ein Sieb gestrichene Orangenmarmelade

Für die Glasur:

200 g Puderzucker
1 Eiweiß

Für die Garnierung:

1 Päckchen kandierte, halbierte Orangenscheiben
1 Päckchen kandierte, halbierte Kirschen
Rohmarzipan
Schokoladenglasur
Zuckerperlen

So macht man's:

1. Eier und Zucker sehr schaumig rühren.

2. Das mit dem Backpulver vermischte und gesiebte Mehl löffelweise unterrühren.

3. Danach feingeriebene Mandeln, in kleine Würfel geschnittenes Orangeat und in dünne Streifen geschnittene Feigen untermengen.

4. Masse in eine mit Pergamentpapier oder Alufolie ausgelegte Springform von 26 cm Durchmesser füllen und bei ca. 175° (Gasherd Stufe 2 - 3) etwa 75 Minuten backen, ohne das Rohr zu öffnen.

5. Die Torte nach dem Erkalten einmal durchschneiden, den unteren Boden mit der Orangenmarmelade bestreichen und wieder zusammensetzen.

6. Den fein gesiebten Puderzucker mit dem Eiweiß zu einer glatten Glasur verrühren und die Torte damit überziehen.

7. Bevor der Guß erstarrt ist, die Kirschen und Orangenscheiben gleichmäßig darüber verteilen.

8. Marzipanmasse ausrollen, Halbmonde ausstechen, in Schokoladenglasur tauchen und zwischen den Orangenscheiben anordnen.

9. Zum Schluß mit Zuckerperlen verzieren.

Zebratorte

Das braucht man:

1/2 l Milch
1 Päckchen Torten-Creme-Pulver Vanille
250 g Butter
100 g Johannisbeergelee
2 EL Johannisbeerlikör
2 dunkle und 1 hellen Biskuitböden (Fertigprodukt)

Zum Bestreuen:

6 EL Schokoblättchen oder -streusel

So macht man's:

1. Aus Milch und Torten-Creme-Pulver nach Anweisung auf dem Paket eine gleichmäßige Creme rühren.

2. Butter schaumig schlagen.

3. Creme nach und nach unter ständigem Rühren eßlöffelweise dazugeben.

4. Johannisbeergelee glattrühren oder durch ein Sieb streichen und Likör untermischen.

5. 1 dunklen Biskuitboden mit der Hälfte des Gelees bestreichen und kurz einziehen lassen.

6. 1/4 der Creme darübergeben.

6. 1 hellen und 1 dunklen Biskuitboden übereinanderlegen und in etwa 2 cm breite Streifen schneiden.

7. Helle und dunkle Streifen abwechselnd als zweiten Boden auf die Creme legen, leicht andrücken, mit restlichem Gelee und knapp der Hälfte der übrigen Creme bestreichen.

8. Restliche Streifen auf die gleiche Art als dritten Boden auf die Creme legen und ebenfalls leicht andrücken.

9. Rand und Oberfläche der Torte gleichmäßig mit Creme bestreichen.

10. Rand mit Schokoblättchen oder -streusel bestreuen und die obere Seite der Torte mit einer Gabel spiralförmig verzieren.

Wintertorte

Das braucht man:

250 g Zucker
4 Eier
5 Eidotter
250 g Mehl
1/2 Päckchen Backpulver
125 g Butter
5 Eiweiß
Orangenmarmelade
Orangenlikör

Für die Garnitur:

1 Schablone (je nach Anlaß) zum Beschriften
geriebene Schokolade

Für die Glasur:

1 1/2 Eiweiß
180 g Puderzucker
1 kleinen Spritzer Zitronensaft

So macht man's:

1. Zucker mit den Eiern und den Eidottern 1/2 Stunde unter Dunst schaumig rühren.
2. Das gesiebte Mehl mit dem Backpulver locker darunterheben.
3. Butter zerlassen und lauwarm unter die Masse ziehen.
4. Das mit etwas Zucker steifgeschlagene Eiweiß vorsichtig unterheben.
5. Teig in eine Form (etwa 28 cm Durchmesser) füllen und bei 175 - 200 ° (Gasherd Stufe 2 - 4) ca. 60 Minuten backen.
6. Herausnehmen und gut auskühlen lassen.
7. Tortenboden in 3 Teile schneiden.
8. Den unteren Boden mit Orangenmarmelade bestreichen und den 2. Boden aufsetzen.
9. Mit Orangenlikör beträufeln und ebenfalls mit Orangenmarmelade bestreichen.
10. 3. Boden aufsetzen.
11. Eiweiß mit gesiebtem Puderzucker und ein wenig Zitronensaft zu einer Glasur verrühren. Die Torte damit gleichmäßig überziehen.
12. Wenn der Guß völlig erkaltet ist, die Schablone mit dem je nach Anlaß ausgeschnittenen Muster oder Schriftzug auflegen.
13. Geriebene Schokolade in ein Sieb geben und die ausgeschnittenen Stellen damit bestreuen.

Zitronentorte

Das braucht man:

150 g Mehl
1 gestr. TL Backpulver
2 TL Zucker
1 Ei
75 g Butter oder Margarine

Für die Füllung:

9 Blatt Gelatine
3 Eigelb
125 g Zucker
abgeriebene Schale einer Zitrone
Saft von 2 Zitronen
1/8 l Weißwein
3 Eiweiß
1/4 l Sahne

Für die Garnierung:

Kandierte Zitronenscheiben
Pistazien

So macht man's:

1. Aus Mehl, Backpulver, Zucker, Ei und Butter einen Knetteig herstellen und kalt stellen. Sollte der Teig kleben, noch etwas Mehl hinzufügen.
2. Den kühlen Teig ausrollen und eine Springform von 24 cm Durchmesser so damit auslegen, daß ein etwa 3 cm hoher Rand entsteht.
3. Den Tortenboden bei 200 ° (Gasherd Stufe 3 - 4) in etwa 15 Minuten goldgelb backen.
4. Gelatine einweichen.
5. Inzwischen für die Füllung Eigelb, Zucker, Zitronenschale, Zitronensaft und Wein verrühren.
6. Ausgedrückte Gelatine in Wasser bei schwacher Hitze auflösen und mit einem Schneebesen unter die Eier-Weinmasse quirlen.
7. Sobald die Masse dicklich wird, Eiweiß und Sahne steif schlagen und vorsichtig darunterziehen.
8. Den Zitronenschaum auf dem Tortenboden verteilen und im Kühlschrank fest werden lassen.
9. Mit kandierten Zitronenscheiben und Pistazien garnieren.

Sachertorte

Das braucht man:

250 g bittere Schokolade
200 g Margarine
200 g Zucker
1 Päckchen Vanillezucker
1 Prise Salz
7 Eidotter
7 Eiweiß
250 g Mehl

Für die Füllung:

200 g Aprikosenkonfitüre
8 EL Weinbrand

Für den Guß:

200 g halbbittere Kuvertüre
12 Schokoladenblättchen

So macht man's:

1. Schokolade grob zerkleinern und im Wasserbad schmelzen lassen. Kühl stellen.

2. Margarine schaumig rühren. Zucker, Vanillezucker und Salz hinzufügen und die abgekühlte weiche Schokolade unterrühren.

3. Unter ständigem Rühren die Eidotter zum Teig geben.

4. Eiweiß steif schlagen, auf die cremige Schokoladenmasse geben.

5. Mehl darübersieben und alles locker unterziehen.

6. Eine Springform von 24 cm Durchmesser einfetten.

7. Teig einfüllen, glattstreichen und im auf 175° vorgeheizten Backofen (Gasherd Stufe 2) ca. 75 Minuten backen.

8. Kuchen aus der Form lösen und auf einem Kuchenrost auskühlen lassen.

9. Kalten Schokoladenboden zweimal durchschneiden, mit der durch ein Sieb gestrichenen Aprikosenkonfitüre füllen und dabei die einzelnen Böden mit Weinbrand tränken.

10. Oberfläche und Rand der Torte dünn mit Konfitüre bestreichen.

11. Kuvertüre auflösen und die Torte damit gleichmäßig überziehen.

12. Sobald der Guß beginnt, fest zu werden, Torte in 12 Stücke teilen und jedes Stück mit einem Schokoladenblättchen verzieren.

Christkindltorte

Das braucht man:

500 g 20%igen Quark
Saft einer Zitrone
1/2 l Sahne
2 EL Zucker
2 Päckchen Sahnesteif
4 EL Johannisbeerkonfiture
3 EL Johannisbeerlikör
3 helle Biskuitböden (Fertigprodukt)
2 EL gehackte Pistazien oder sehr fein gehacktes Zitronat
12 weihnachtliche Schokoladenfiguren wie Sterne usw.

So macht man's:

1. Quark und Zitronensaft verrühren.

2. Sahne kräftig anschlagen.

3. Zucker und Sahnesteif mischen, zur Sahne hinzufügen und Sahne vollkommen steif schlagen.

4. Die Sahne leicht unter den Quark ziehen.

5. Johannisbeerkonfitüre durch ein Sieb streichen und mit Johannisbeerlikör verrühren.

6. Tortenböden voneinander lösen.

7. Den 1. Boden mit der Hälfte der Konfitüre und einem Drittel der Quarkmasse bestreichen.

8. 2. Boden auflegen. Mit der restlichen Konfitüre und der Hälfte der Quarkmasse bestreichen.

9. Mit dem 3. Boden bedecken.

10. Rand und Oberfläche der Torte gleichmäßig mit der restlichen Quarksahne bestreichen.

11. Zum Schluß den Rand mit den Pistazien oder dem Zitronat bestreuen und die Torte mit den Schokoladenfigürchen verzieren.

Bienenstich mit Duft

Das braucht man:

150 g bis 200 g Speisequark (Magerstufe)
6 — 8 EL Vollmilch
1 Ei
6 — 8 EL Öl
75 — 100 g Zucker
1 Päckchen Vanillezucker
1/2 TL Salz
400 g Weizenmehl
1 Päckchen Backpulver (evtl. 2 TL Backpulver zusätzlich)

Für den Belag:

300 g Akazienblüten-, Orangenblüten- oder Weißtannenhonig
250 — 300 g Butter
300 g gehobelte Mandeln oder Haselnüsse

So macht man's:

1. Den Speisequark mit der Hälfte der Milch in der Küchenmaschine (Rühreinheit) vermischen.

2. Ei, Öl, Zucker, Vanillezucker hinzufügen.

3. Danach ist das mit Backpulver vermischte Mehl hinzuzufügen.

4. Zum Schluß die restliche Milch darunterkneten.

5. Den Teig auf ein mit Backtrennpapier ausgelegtes Backblech geben und gleichmäßig verteilen.

6. Für den Belag Honig mit Butter und gehobelten Mandeln oder Haselnüssen aufkochen lassen und auf dem Quark-Öl-Teig verteilen.

7. Im vorgeheizten Backofen auf mittlerer Schiebeleiste bei 200° (Gasherd Stufe 3) etwa 35 - 45 Minuten backen.

Zwieback-Torte

Das braucht man:

16 Stück Zwieback
4 Eier
1/4 l Milch
4 kleine Äpfel
1 EL Rosinen
1 EL gehackte Mandeln
2 EL Zucker
1/4 TL Zimt

Für den Guß:

2 Eidotter
5 EL Sahne
1 Päckchen Vanillezucker
2 Eiweiß

So macht man's:

1. Zwieback grob zerbrechen und in eine gut schließende gefettete Springform von etwa 24 cm Durchmesser geben.

2. Eier und Milch verquirlen und gleichmäßig über die Zwiebackbröckchen verteilen.

3. Einige Zeit durchweichen lassen, bis die Zwiebäcke die Flüssigkeit vollkommen aufgesogen haben.

4. Die weiche Zwiebackmasse mit einem Löffel fest in die Form drücken.

5. Äpfel schälen, vom Kernhaus befreien, in dicke Scheiben schneiden und auf den Zwiebäcken verteilen.

6. Rosinen, Mandeln, Zucker und Zimt vermischen und darüberstreuen.

7. Für den Guß Eidotter und Sahne verquirlen, mit Vanillezucker würzen.

8. Das steifgeschlagene Eiweiß darunterheben.

9. Eier-Sahne-Masse auf den Apfelscheiben gleichmäßig verstreichen und sofort in den auf 180° (Gasherd Stufe 2 - 3) vorgeheizten Backofen schieben.

10. Ca. 35 Minuten backen und warm oder kalt servieren.

11. Reichen Sie dazu Sahne- oder Vanillesauce, wenn die Torte warm serviert wird.

Schokoladenkränze

Das braucht man:

180 g Zucker
3 Eier
60 g Mandeln
90 g Schokolade
etwas gemahlenen Zimt
250 bis 300 g Mehl
1 Msp. Backpulver

Für die Glasur:

250 g gesiebten Puderzucker
ca. 3 - 4 EL lauwarmes Wasser
Arrak zum Abschmecken

Zum Verzieren:

Pistazien

So macht man's:

1. Zucker und Eier schaumig rühren. Mandeln und Schokolade reiben und dazugeben.

2. Langsam das mit Zimt und Backpulver vermischte Mehl unterrühren.

3. Teig in einen Spritzbeutel füllen.

4. Kleine Kränzchen auf ein Backblech spritzen.

5. Bei 175 - 200° (Gasherd: Stufe 2 1/2 bis 3 1/2) etwa 10 - 15 Minuten backen.

6. Plätzchen auf einem Rost abkühlen lassen.

7. Mit Arrakglasur überziehen und mit gehackten Pistazien bestreuen.

Christbaumringe

Das braucht man:

300 g Mehl
2 Eier
150 g Zucker
1 TL Salz
300 g gemahlene Mandeln
300 g Butter

Zum Bestreuen:

Zucker

Zum Bestreichen:

Rum

Für die Glasur:

200 g Puderzucker
4 EL Gelee von schwarzen Johannisbeeren
Weinbrand

So macht man's:

1. Mehl auf eine Arbeitsplatte sieben. In den Mehlberg eine tiefe Mulde drücken.

2. Da hinein die Eier schlagen, Zucker und Salz dazugeben.

3. Um den Mehlberg gemahlene Mandeln und die Butterflocken verteilen.

4. Das Ganze zu einem glatten Teig verarbeiten, in Pergamentpapier gewickelt mindestens 1 Stunde im Kühlschrank ruhen lassen.

5. Teig auf einer bemehlten Arbeitsfläche etwa 3 mm dick ausrollen.

6. Mit einer großen gezackten Form (mindestens 7 cm Durchmesser) und einer kleineren Form (mindestens 3,5 cm Durchmesser), für den Innenkreis, ausstechen.

7. Ringe auf ein mit Butter gefettetes Backblech legen, dünn mit Rum bestreichen, gleichmäßig dick mit Zucker bestreuen und in der Mittelschiene des auf 180° (Gasherd Stufe 2 - 3) vorgeheizten Backofens ca. 10 Minuten backen.

8. Christbaumringe auf ein Kuchengitter zum Auskühlen legen.

9. Gesiebten Puderzucker mit so viel Johannisbeergelee und Weinbrand glattrühren, daß ein dickflüssiger Guß entsteht.

10. Aus Pergamentpapier eine kleine Tüte drehen, den Guß einfüllen.

11. Das Tütenende knapp abschneiden, damit sich eine winzige Öffnung ergibt.

12. Die Plätzchen mit der Glasur in Form von kleinen Tupfen, Schlangenlinien, Einrandungen oder anderen Mustern verzieren.

13. Guß trocknen lassen und Plätzchen dann in einer mit Pergamentpapier ausgelegten, verschließbaren Blechdose aufheben.

Adventsbrötchen

Das braucht man:

500 g Mehl
30 g Hefe
1/4 l Milch
3 Eidotter
70 g Butter
70 g Zucker
1 TL Salz
1 EL Zimt
50 g Orangeat
50 g Zitronat
50 g Feigen
50 g Datteln
150 g gewaschene Rosinen

Zum Bestreichen:

Eidotter

So macht man's:

1. Das Mehl in eine Rührschüssel sieben und eine Mulde hineindrücken.

2. Die Hefe in die lauwarme Milch bröckeln, an einer warmen Stelle 15 Minuten gehen lassen und dann in die Mehlmulde schütten.

3. Eidotter und die zerlassene Butter dazugeben.

4. An den Rand des Mehls Zucker, Salz, Zimt, gewürfeltes Orangeat und Zitronat, gewürfelte Feigen und Datteln sowie die Rosinen geben.

5. Das Ganze mit dem Kochlöffel zu einem Hefeteig verschlagen und 15 Minuten an einer warmen Stelle gehen lassen.

6. Anschließend auf einer bemehlten Arbeitsfläche ca. 2 cm dick ausrollen.

7. Mit einem Weinglas Kreise ausstechen und in größeren Abständen auf ein mit Butter gefettetes Backblech legen.

8. Mit einem Tuch abdecken und an einer warmen Stelle gehen lassen.

9. Danach die Brötchen über Kreuz einschneiden, mit verquirltem Eigelb bestreichen und in der Mittelschiene des auf 200° (Gasherd Stufe 3 - 4) vorgeheizten Backrohres ca. 20 - 30 Minuten backen. Mit Puderzucker bestreuen.

Salzburger Plätzerl

Das braucht man:

400 g Mehl
2 Eidotter
120 g Zucker
2 Päckchen Vanillezucker
1 Prise Salz
1 Zitrone
250 g Butter

Für die Füllung:

250 g durch ein Sieb gestrichene Aprikosenmarmelade
4 EL Rum
2 EL Zitronensaft

Zum Bestreuen:

80 g Puderzucker

So macht man's:

1. Mehl auf eine Tischplatte sieben. In die Mulde eine Vertiefung drücken.

2. Eidotter, Zucker, Vanillezucker, Salz und abgeriebene Zitronenschale hineingeben und mit einem Teil des Mehls zu einem dicken Brei verarbeiten.

3. Darauf die in Stücke geschnittene kalte Butter geben, mit Mehl bedecken und von der Mitte aus alle Zutaten schnell zu einem glatten Teig verkneten.

4. Teig zugedeckt etwa 1 Stunde im Kühlschrank ruhen lassen.

5. Inzwischen Aprikosenmarmelade unter ständigem Rühren erhitzen. Rum und Zitronensaft unterziehen. Kalt stellen.

6. Den kalten Teig auf einer bemehlten Unterlage etwa 3 mm dünn ausrollen und mit einem Weinglas Plätzchen ausstechen.

7. Die Hälfte der Plätzchen mit einem Schnapsglas in der Mitte so ausstechen, daß Ringe entstehen.

8. Plätzchen auf ein mit Butter gefettetes Backblech legen und in der Mittelschiene des auf 200° (Gasherd Stufe 3 - 4) vorgeheizten Backherdes in ca. 10 - 12 Minuten goldgelb backen.

9. Plätzchen auf der Unterseite dünn mit der angerührten Aprikosenmarmelade bestreichen, je einen Plätzchenring vorsichtig auflegen (sie brechen leicht) und mit Puderzucker bestäuben.

10. In die Ringe einen zusätzlichen Klecks Marmelade geben.

Mokkaplätzchen

Das braucht man:

250 g Mehl
1 Msp. Backpulver
2 Eidotter
2 EL Pulverkaffee
100 g Zucker
1 Prise Salz
80 g gemahlene Haselnüsse
125 g Butter

Für die Glasur:

100 g Puderzucker
15 g Kakao
1 EL Pulverkaffee
3 EL Rum

Für die Garnierung:

Mokkabohnen

So macht man's:

1. Mehl und Backpulver mischen und auf eine Arbeitsfläche sieben.

2. In die Mitte eine Mulde drücken und Eigelb, Pulverkaffee, Zucker und Salz hineingeben.

3. Haselnüsse und Butter in Flöckchen auf dem Mehlrand verteilen.

4. Von außen nach innen einen Mürbeteig kneten.

5. Zugedeckt 30 Minuten im Kühlschrank ruhen lassen.

6. Teig auf einer bemehlten Arbeitsfläche ca. 1/2 cm dick ausrollen und runde Plätzchen von 3 cm Durchmesser ausstechen.

7. Plätzchen auf ein gefettetes Backblech legen und im vorgeheizten Ofen auf der mittleren Schiene bei 180° (Gasherd Stufe 2 - 3) ca. 15 Minuten backen.

8. Auf einem Kuchenrost auskühlen lassen. Inzwischen Puderzucker in eine Schüssel sieben und mit Kakao, Pulverkaffee und soviel Rum verrühren, daß ein dickflüssiger Guß entsteht.

9. Die Plätzchen mit der Mokkaglasur überziehen und jeweils mit einer Mokkabohne verzieren.

Mandelkränze

Das braucht man:

250 g Mehl
2 Eigelb
abgeriebene Schale einer unbehandelten Zitrone
1/2 TL gemahlene Nelken
1 1/2 EL Weinbrand
250 g Zucker
200 g geschälte, geriebene Mandeln
250 g Butter

Zum Bestreichen:

2 Eigelb
2 EL Weinbrand

Zum Bestreuen:

100 g kleingehackte kandierte Früchte

So macht man's:

1. Mehl sieben und in die Mitte eine Mulde drücken.

2. Eigelb, Zitronenschale, Nelken, Weinbrand, Zucker und die Mandeln hineingeben, Butter in kleinen Flöckchen um das Mehl verteilen.

3. Von außen nach innen einen Mürbeteig kneten.

4. 60 Minuten im Kühlschrank ruhen lassen.

5. Teig auf einer bemehlten Arbeitsfläche 1/2 cm dick ausrollen und 6 cm große Kränze ausstechen.

6. Mit einem 4 cm großen Ausstecher Ringe herstellen und auf ein gefettetes Backblech legen.

7. Eigelb mit Weinbrand verschlagen, die Ringe damit bestreichen und mit den kandierten Früchten bestreuen.

8. Im vorgeheizten Backofen bei 200° (Gasherd Stufe 3 - 4) in 10 - 15 Minuten goldgelb backen.

Adventliches Teegebäck

Das braucht man:

500 g Mehl
2 gestrichene TL Backpulver
150 g Zucker
1 TL gemahlenen Zimt
1 Prise Salz
2 Eier
250 g Butter

Zum Verzieren:

2 Eidotter
1 Päckchen Hagelzucker

So macht man's:

1. Mehl und Backpulver mischen, auf eine Tischplatte sieben und in die Mitte eine Vertiefung eindrücken.

2. Zucker, Zimt, Salz und Eier in die Mulde geben und mit einem Teil des Mehls zu einem dicken Brei verarbeiten.

3. Butter in kleinen Flöckchen darauf verteilen, mit Mehl bedecken und alle Zutaten zu einem glatten Teig verkneten.

4. Den Teig, gut verpackt, einige Zeit kühl stellen, dann läßt er sich besser weiterverarbeiten.

5. Den Teig kurz durchkneten, auf einer bemehlten Arbeitsfläche dünn ausrollen und Halbmonde ausstechen.

6. Plätzchen auf ein mit Backpapier ausgelegtes Backblech legen, mit verquirltem Eidotter bestreichen und mit Hagelzucker bestreuen.

7. Im vorgeheizten Ofen bei 200° (Gasherd Stufe 3 - 4) in ca. 10 Minuten goldgelb backen.

Butterplätzchen

Das braucht man:

250 g Butter
175 g Zucker
2 Päckchen Vanillezucker
1 TL gemahlenen Zimt
300 g Mehl
1 EL Milch

Für den Guß:

150 g halbbittere Schokoladen-Kuvertüre

So macht man's:

1. In die zerlassene wieder vollkommen fest gewordene Butter nach und nach Zucker, Vanillezucker und Zimt geben.

2. So lange rühren, bis die Masse weiß schaumig ist.

3. 2/3 des gesiebten Mehls eßlöffelweise unterrühren.

4. Milch hinzufügen, wenn der Teig fester wird.

5. Restliches Mehl auf eine Arbeitsplatte sieben, Teigbrei daraufgeben und alles schnell zu einem glatten Teig verkneten.

6. Den Teig einige Zeit zugedeckt kalt stellen.

7. Teig in kleinen Mengen auf einer bemehlten Fläche dünn ausrollen, mit beliebigen Formen ausstechen und auf ein Backblech legen.

8. Im Backofen bei 175 - 200° (Gasherd Stufe 3 - 4) in ca. 10 Minuten goldgelb backen.

9. Auf einem Rost auskühlen lassen und dann mit aufgelöster Kuvertüre besprenkeln.

Kokosflockerl

Das braucht man:

6 Eiweiß
360 g Zucker
1 Zitrone
100 g Mehl
250 g Kokosraspeln
1 Packung kleine runde Backoblaten
Puderzucker

So macht man's:

1. Eier trennen und Eiweiß zu steifem Schnee schlagen, der so fest sein muß, daß ein Schnitt mit einem Messer in den Konturen sichtbar bleibt.

2. Zucker eßlöffelweise nach und nach unter den Eischnee schlagen.

3. Den Saft und die geriebene Schale der Zitrone dazugeben.

4. Mehl sieben, unter die Kokosraspeln mischen und locker unter den Eischnee heben.

5. Backblech einfetten.

6. Kokosmasse mit einem Kaffeelöffel auf die Oblaten verteilen und aufs Blech legen.

7. Die Flockerl vor dem Backen mit Puderzucker bestreuen, damit sie eine schöne glänzende Oberfläche bekommen.

8. Bei 160° (Gasherd Stufe 1 - 2) ca. 30 Minuten backen.

Schokoladenherzen

Das braucht man:

375 g ungeschälte Mandeln
100 g bittere Schokolade
3 Eiweiß
375 g Zucker
1/2 TL gemahlenen Ingwer
feinen Zucker zum Ausrollen

Für die Glasur:

200 g bittere Schokoladen-Kuvertüre
20 g Kokosfett

Zum Verzieren:

5 in Sirup eingelegte Ingwerpflaumen

So macht man's:

1. Mandeln und Schokolade mit der Küchenmaschine oder Mandelmühle fein mahlen.

2. Eiweiß in einer Schüssel zu steifem Schnee schlagen.

3. Zucker löffelweise unterrühren.

4. Mandeln, Schokolade und gemahlenen Ingwer hinzufügen.

5. Erst mischen, dann kurz kneten.

6. Teig auf einer mit Zucker bestreuten Arbeitsfläche knapp 1/2 cm dick ausrollen und Herzen ausstechen.

7. Herzen auf ein gefettetes Backblech legen und im auf 160° (Gasherd Stufe 1 - 2) vorgeheizten Backrohr ca. 30 Minuten backen.

8. Gebäck auf einem Kuchenrost auskühlen lassen.

9. Kuvertüre in Stücke schneiden und zusammen mit dem Kokosfett in einem Topf im heißen Wasserbad schmelzen.

10. Zu einem gleichmäßigen Guß verrühren und damit die Herzen überziehen.

11. Ingwerpflaumen hacken und über die Plätzchen streuen.

Eierkränzchen

Das braucht man:

2 Eier
1 Eidotter
250 g Zucker
1 Päckchen Vanillezucker
400 g Mehl
2 1/2 TL Backpulver
2 Eidotter
Buntzucker oder Schokoladenstreusel

So macht man's:

1. Eier, Eidotter, Zucker und Vanillezucker schaumig schlagen.

2. Mehl mit Backpulver vermischen, sieben und nach und nach in die Eier-Zucker-Mischung geben.

3. Restliches Mehl unter den Teig kneten.

4. Teig auf einer bemehlten Arbeitsfläche ausrollen und Kränzchen ausstechen.

5. Das Gebäck auf ein gefettetes Blech legen, mit verquirltem Eidotter bestreichen und mit Buntzucker oder Schokoladenstreusel bestreuen.

6. Im Backofen bei 175 - 200° (Gasherd Stufe 2 - 4) ca. 6 - 9 Minuten backen.

Sandplätzchen aus Frankreich

Das braucht man:

300 g Mehl
150 g Zucker
1 Prise Salz
200 g Butter
6 hartgekochte Eigelb
1 Messerspitze Zimt

So macht man's:

1. Mehl auf die Tischplatte sieben, in die Mitte eine Vertiefung drücken. Zucker und Salz hineingeben.

2. Kalte Butter in kleine Stücke schneiden, auf den Zucker geben.

3. Eigelb durch ein feines Sieb streichen und zusammen mit dem Zimt über die Butter verteilen. Alles mit etwas Mehl vom Rand bestreuen und dann schnell alle Zutaten zu einem glatten Teig verkneten.

4. Teig auf einer mit Mehl bestäubten Platte ausrollen und Plätzchen in unterschiedlichen Motiven ausstechen. Eventuell mit kleineren Förmchen noch Muster auf die Plätzchen drücken. Plätzchen auf ein mit Backpapier ausgelegtes Backblech legen.

5. Bei 175 - 200° (Gasherd Stufe 3 - 4) in der Mitte des Backofens 7 - 10 Minuten backen.

Miesenbacher Honiglebkuchen

Das braucht man:

250 g Honig
250 g Zucker
800 g Mehl
1 EL Hirschhornsalz
100 ccm Weißwein
60 g Zitronat kleingeschnitten
Saft und Schale einer Zitrone
1 TL Kardamom
1 TL Nelkenpulver
1 EL Zimtpulver
100 g geriebene Mandeln
6 Tropfen Mandelöl-Aroma

Zum Verzieren:

Eigelb
Mandelhälften oder kandierte Früchte

So macht man's:

1. Honig erhitzen und den Zucker darin auflösen.
2. Mehl in eine Schüssel sieben.
3. Hirschhornsalz in Weißwein auflösen und mit den restlichen Zutaten zum Mehl geben und verrühren.
4. Die Honig-Zucker-Mischung unterziehen und zu einem Teig verarbeiten.
5. Auf einem bemehlten Brett etwa fingerdick ausrollen.
6. Formen ausstechen oder -schneiden.
7. Mit etwas verquirltem Eigelb bestreichen und abwechselnd mit Mandelhälften oder kandierten Früchten verzieren.
8. Bei ca. 180° (Gasherd Stufe 2 - 3) ca. 25 Minuten backen.

Schneeflockenplätzerl

Das braucht man:

150 g Butter
125 g Zucker
125 g gemahlene Haselnüsse
200 g Mehl
1 Msp. Backpulver
1 Msp. gemahlenen Zimt
1 Tasse Erdbeermarmelade

Für die Glasur:

200 g Puderzucker
2 EL Rum
etwa 1 EL heißes Wasser

Zum Verzieren:

100 g Kokosflocken

So macht man's:

1. Butter schaumig rühren. Zucker nach und nach zugeben und die Haselnüsse unterziehen.
2. Mehl mit Backpulver und Zimt mischen und alles zu einem geschmeidigen Teig verarbeiten.
3. Zugedeckt im Kühlschrank 1/2 Stunde ruhen lassen.
4. Teig ca. 1/2 cm dick ausrollen, Plätzchen ausstechen und auf ein gefettetes Blech legen.
5. Bei 200° (Gasherd Stufe 3 - 4) in 15 - 18 Minuten goldgelb backen.
6. Auf einem Gitter auskühlen lassen. Plätzchen auf der Unterseite mit der durch ein Sieb gestrichenen Erdbeermarmelade bestreichen und je 2 Plätzchen zusammensetzen.
7. Aus Puderzucker, Rum und Wasser eine Zuckerglasur herstellen und die Plätzchen damit überziehen.
8. Den Rand mit Kokosflocken bestreuen.

Weihnachtsschnitten

Das braucht man:

200 g Butter oder Margarine
250 g Zucker
3 Eier
Backöl Vanille- oder Zitronengeschmack
etwa 650 g Mehl
1/2 Päckchen Backpulver
rote Marmelade, durch ein Sieb gestrichen

Zum Bestreichen:

Zuckerglasur

So macht man's:

1. Butter oder Margarine schaumig rühren.

2. Nach und nach Zucker und Eier hinzufügen und den Teig mit Vanille- oder Zitronengeschmack abschmecken.

3. 2/3 des mit Backpulver vermischten und gesiebten Mehls unterrühren.

4. Restliches Mehl unter den Teig kneten.

5. Sollte der Teig kleben, ihn einige Zeit zugedeckt kalt stellen.

6. Ca. 2/3 bis 3/4 des Teigs nicht zu dick ausrollen und auf ein gefettetes Blech legen.

7. Mit Marmelade bestreichen.

8. Restlichen Teig ausrollen und Streifen von ca. 1 cm Breite schneiden.

9. Diese gitterförmig auf den Kuchen legen.

10. Bei leichter Mittelhitze backen.

11. Die Gitterstreifen mit Zuckerglasur bestreichen und den Kuchen in Schnitten aufteilen.

Lustige Weihnachtsplätzchen

Das braucht man:

100 g Butter
100 g Zucker
1 Ei
1 Päckchen Vanillezucker
250 g Mehl
1 Msp. Backpulver

Für die Garnierung:

1 - 2 Eigelb
Hagelzucker
Liebesperlen
Pistazienkerne
halbierte Mandelkerne
Schokoladenstreusel
farbigen Zuckerguß

So macht man's:

1. Alle Zutaten für den Teig in der Küchenmaschine rasch zusammenkneten.

2. Den Teig etwa 2 - 3 Stunden oder über Nacht kühl stellen.

3. Auf einer mit Mehl bestäubten Platte ausrollen (etwa 1/2 cm dick) und verschiedene Plätzchen und Formen ausstechen.

4. Mit einem Zahnstocher oder Streichholz Löcher in die Plätzchen stechen, auf ein mit Backtrennpapier ausgelegtes Backblech setzen.

5. Im vorgeheizten Backofen auf oberer Einschiebleiste bei 220° (Gasherd Stufe 4) etwa 10 - 15 Minuten backen.

6. Mit Eigelb bestreichen und mit den Garnierzutaten phantasievoll verzieren.

Himmel und Hölle

Das braucht man:

250 g Blockschokolade (Kuvertüre)
250 g kandierte Ananasringe oder -stücke
250 g getrocknete Aprikosen
60 g abgezogene Mandeln

So macht man's:

1. Die Schokolade im Wasserbad auflösen und abkühlen lassen, bis sie fast erstarrt ist.

2. Dann nochmals ganz leicht erwärmen.

3. Die Ananasringe in trapezförmige Stücke schneiden.

4. Nun die Aprikosen und Ananasstücke zur Hälfte in die Schokolade tauchen und auf die Aprikosen eine geschälte Mandel drücken.

5. Das Konfekt auf ein Kuchengitter legen und erkalten lassen.

Kokosmakronen

Das braucht man:

4 Eiweiß
200 g feinen Zucker
1 Messerspitze gemahlenen Zimt
2 Tropfen Bittermandelöl
150 g Kokosraspel
50 g geriebenen Zwieback

Zum Aufsetzen:

Oblaten (rund oder eckig)

So macht man's:

1. Eiweiß so steif schlagen, daß ein Messerschnitt sichtbar bleibt. Dann nach und nach Zucker, Zimt und Backöl unter ständigem Schlagen hinzufügen.

2. Kokosraspel und geriebenen Zwieback vorsichtig unter den Eischnee heben, bitte nicht rühren.

3. Oblaten nebeneinander auf ein Backblech legen. Mit 2 Teelöffeln kleine Häufchen von dem Teig darauf setzen. Wer keine Oblaten hat, kann den Teig auch auf ein mit Butter gefettetes Backblech setzen.

4. Bei 130 - 150° (Gasherd Stufe 1 - 2) in der Mitte des Backofens 20 - 25 Minuten backen.

5. Oblatenränder nach dem Auskühlen der Makronen abbrechen.

Heidesand

Das braucht man:

275 g frische Butter
250 g sehr feinen Zucker
Mark einer halben Vanilleschote
2 EL Milch
375 g Mehl
1 gestrichenen TL Backpulver

So macht man's:

1. Butter in einem Topf zerlassen, bräunen (dabei aufpassen, daß sie nicht zu dunkel wird), in eine Rührschüssel geben und erkalten lassen.

2. Die wieder fest gewordene Butter schaumig rühren. Nach und nach Zucker, ausgekratztes Mark der Vanilleschote und Milch hinzufügen. Die Masse so lange rühren, bis sie weißschaumig ist.

3. Mehl und Backpulver mischen, sieben und 2/3 des Mehls eßlöffelweise unterrühren. Restliches Mehl mit dem Teigbrei zu einem glatten Teig verkneten.

4. Daraus Rollen mit einem ∅ von etwa 3 cm formen. (Rollen nach Belieben in sehr fein gehackten Mandeln, in Zimtzucker oder in grobem Zucker wälzen). Rollen auf ein mit Mehl bestäubtes Holzbrett legen und so lange in den Kühlschrank stellen, bis sie hart geworden sind.

5. Rollen einzeln in etwa 1/2 cm dicke Scheiben schneiden. Scheiben auf ein mit Backpapier ausgelegtes Backblech legen.

6. Bei 175 - 200° (Gasherd Stufe 3 - 4) in der Mitte des Backofens in 10 - 12 Minuten braun backen.

7. Auf einem Kuchenrost auskühlen lassen und in eine gut zu verschließende Dose legen.

Macadamia-Berge

Das braucht man:

50 g Butter
50 g Akazienblütenhonig
150 g Farinzucker
1 EL Vanillezucker
1/8 l flüssige Schlagsahne
100 g kandierte Melone oder Orangeat
200 g Macadamia-Kerne
Kuvertüre

So macht man's:

1. Butter, Honig, Farinzucker und Vanillezucker sowie Schlagsahne unter Rühren in einem Topf so lange erhitzen, bis die Masse dicklich ist.

2. Kleingehackte kandierte Melone bzw. das Orangeat und die Macadamia-Kerne unterrühren.

3. Auf leicht eingeölte Alu-Folie eßlöffelweise Berge setzen, abkühlen lassen und die Unterseite mit im Wasserbad flüssig gemachter Kuvertüre bestreichen.

Kerzenständer aus Salzteig

Das braucht man:

500 g Mehl
250 g Salz
2 EL Öl
etwa 1/4 l Wasser

Zum Bestreichen:

verquirltes Eiweiß

Zum Belegen:

Gewürze

So macht man's:

1. Mehl auf die Tischplatte sieben, in die Mitte eine Vertiefung drücken. Salz, Öl und etwa die Hälfte des Wassers hineingeben.

2. Mit einem Teil des Mehls zu einem dicken Brei verarbeiten, dabei nach und nach restliches Wasser hinzufügen. Alles zu einem glatten Teig verarbeiten. Teig zugedeckt etwa 2 Stunden ruhen lassen.

3. Teig etwa 1/2 cm dick ausrollen und Platten von etwa 10 cm Durchmesser ausstechen.

4. Oder aus dem Teig Zöpfe flechten, diese so auf die Teigplatten legen, daß eine Kerze hineingestellt werden kann.

5. Kugeln formen und darauf dekorieren.

6. Figuren ausstechen und darauf anordnen.

7. Auf ein Backblech legen und 2 - 4 Stunden an der Luft stehenlassen. Dann mit Eiweiß bestreichen.

8. Bei 125 - 150° (Gasherd Stufe 1 - 2) etwa 60 Minuten trocknen lassen.

Wenn die Kerzenständer später mit Farbe bemalt werden sollen, sie nicht mit Eiweiß bestreichen.

Schnelle und einfache Geschenke aus Salzteig

1. Salzteig zu Kränzen formen, backen, später mit Bändchen und Trockenblumen dekorieren.

2. Salzteig in Modeln drücken, ausschlagen, backen, eventuell später mit Farbe bemalen.

3. Salzteig mit weihnachtlichen Ausstechförmchen ausstechen. Mit Gewürzen dekorieren, backen. Wenn die Figuren aufgehängt werden sollen, mit einem Hölzchen ein Loch in das Gebäckstück bohren.

4. Salzteig zu unregelmäßigen Ovalen oder Kreisen mit einem ∅ von etwa 13 - 15 cm ausrollen. Dazu einen Stern, Herz oder Tannenbaum stechen.
Es sollte um das gestochene Ornament etwa ein Rand von 2 - 3 cm stehenbleiben. In den Rand ein Loch bohren, backen. Später an einem Bändchen eine vergoldete Nuß, ein goldenes Ringlein oder ein anderes nettes Geschenk in dem Oval oder Kreis aufhängen.

Tannenbäume

Das braucht man:

100 g Butter
2 Eier
3 gestr. EL Sauerrahm
170 g Zucker
abgeriebene Schale einer ungespritzten Zitrone
450 g Mehl
1/2 Päckchen Backpulver

Für die Glasur:

250 g halbbittere Schokoladen-Kuvertüre

Für die Verzierung:

1 Päckchen Schokoladenglasur
Silberstreusel

So macht man's:

1. Butter schaumig rühren.
2. Eier, Sauerrahm, Zucker, Zitronenschale nach und nach hinzugeben.
3. Mehl und Backpulver mischen und auf die Masse sieben.
4. Durcharbeiten.
5. Teig auf einer bemehlten Unterlage ausrollen.
6. Tannenbäume ausstechen, auf ein Backblech legen und bei 175 - 200° (Gasherd Stufe 3 - 4) ca. 7 - 10 Minuten backen.
7. Vom Blech nehmen, auskühlen lassen und mit der aufgelösten Schokoladenglasur bestreichen.
8. Äußeren Rand der Tannenbäume mit Silberstreusel bestreuen.

Rotwein-Punsch

Das braucht man:

1 unbehandelte Zitrone
5 Nelkenköpfe
1 kleine Stange Zimt
3/4 l herben Rotwein
1/4 l Wasser
1/4 l Apfelsaft
100 g Kandiszucker
Saft einer Zitrone

So macht man's:

1. Zitrone gut abreiben, abtrocknen und in dünne Scheiben schneiden.
2. Nelken und Stangenzimt zusammen mit Rotwein, Wasser, Apfelsaft, Kandiszucker und Zitronensaft in einen Punschtopf geben und erhitzen.
3. Gewürze mit einem Schaumlöffel aus dem Punsch nehmen und sehr heiß in vorgewärmten Punschgläsern mit 1 - 2 Zitronenscheiben servieren.

Rumpunsch

Das braucht man:

3/4 Wasser
150 g braunen Zucker
1/2 Flasche Rum
1/4 l Schlagsahne
Kakaopulver

So macht man's:

1. Wasser und Zucker aufkochen. Der Zucker soll sich dabei vollkommen auflösen.
2. Rum dazugeben, miterhitzen, aber nicht kochen lassen.
3. Punsch heiß in vorgewärmte Gläser gießen.
4. Sahne ohne Zucker steif schlagen.
5. Je eine dicke Haube auf den Punsch setzen und mit etwas Kakaopulver bestäubt servieren.
6. Rumpunsch durch die Sahnehaube schlürfen, nicht umrühren.

Punsch mit Honig

Das braucht man:

Saft von 5 Zitronen
1/4 Flasche Cognac
Schale von 2 - 3 ungespritzten Orangen
etwa 4 EL Honig (nach Geschmack)
1/4 l Rum
1 1/2 l starken schwarzen Tee

So macht man's:

1. Zitronensaft, Cognac und Orangenschale in ein Gefäß geben.

2. Zudecken und ca. 2 - 3 Stunden ziehen lassen.

3. Flüssigkeit durch ein Sieb in einen Punschtopf gießen.

4. Mit Honig, Rum und frisch aufgebrühtem Tee bis kurz vor dem Siedepunkt erhitzen.

5. Sofort in Teegläsern servieren.

Jagertee

Das braucht man:

1 l Rotwein
1 l Orangensaft
1 l Obstler
1 l gebrühten, schwarzen Tee
500 g Zucker
1 unbehandelte Zitrone
1 unbehandelte Orange
30 g Gewürznelken
4 Zimtstangen

So macht man's:

1. In einem dafür geeigneten Topf — am besten in einem zünftigen Kessel — werden Rotwein, Orangensaft, Obstler und schwarzer Tee unter Hinzugabe des Zuckers langsam erhitzt.

2. Zitrone und Orange halbieren und mit Hilfe der Gewürznelken die Zimtstangen auf die Fruchthälften stecken.

3. Ebenfalls hinzugeben und das Ganze nur einmal kurz aufkochen lassen.

4. Feuerfeste Gläser oder noch besser solche aus Steingut mit Orangenscheiben verzieren und den Jagertee zusammen mit leichtem Gebäck servieren.

Französischer Apfelpunsch

Das braucht man:

1 l starken Tee
100 g brauner Kandiszucker
500 g säuerliche Äpfel
1/2 Limette
1/2 frische Ananas (300 g)
1 Stück Zimtstange
2 Nelken
je 3 Koriander- und Pimentkörner
1/8 l Calvados
0,2 l Schlagsahne
einige Apfelscheiben

So macht man's:

1. Tee in einen Topf gießen, Zucker hinzufügen.

2. Obst schälen, in Stücke schneiden und portionsweise in einer kleinen Universalküchenmaschine in Scheiben schneiden.

3. Alles zum Tee geben und zusammen mit den Gewürzen aufkochen lassen.

4. Vom Herd nehmen, in Gläser oder Becher füllen.

5. Steifgeschlagene Sahne obenauf setzen und mit gestoßenem Kandiszucker garnieren.

AUS DER BASTELSTUBE

Adventskalender

zu Seite 8 + 9

Haus 1

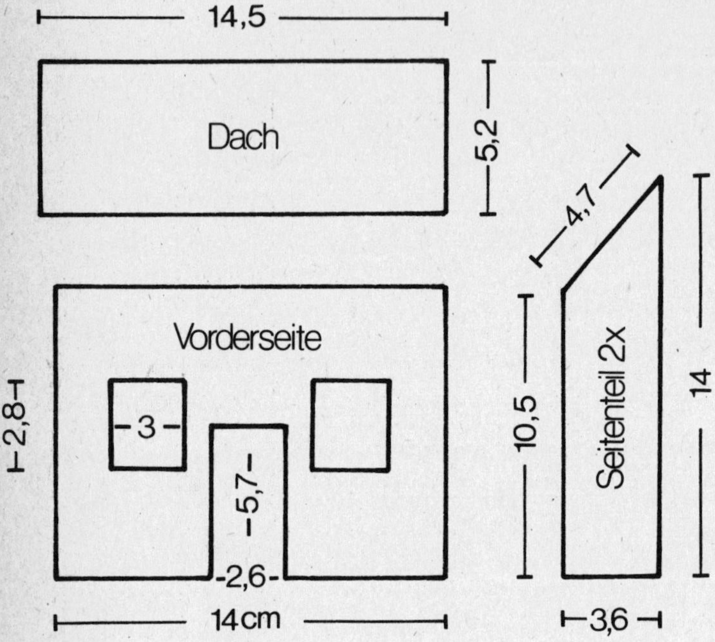

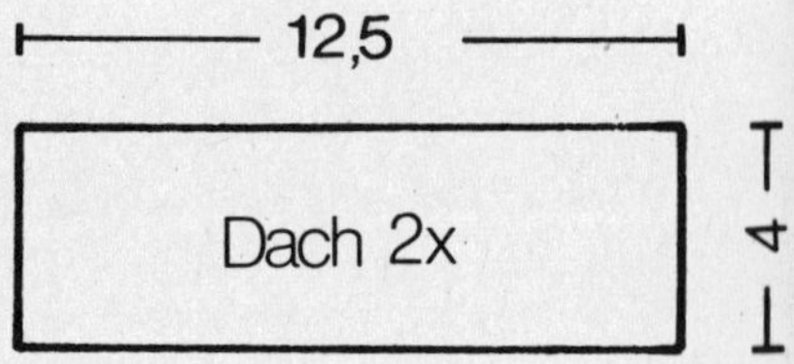

Haus 3

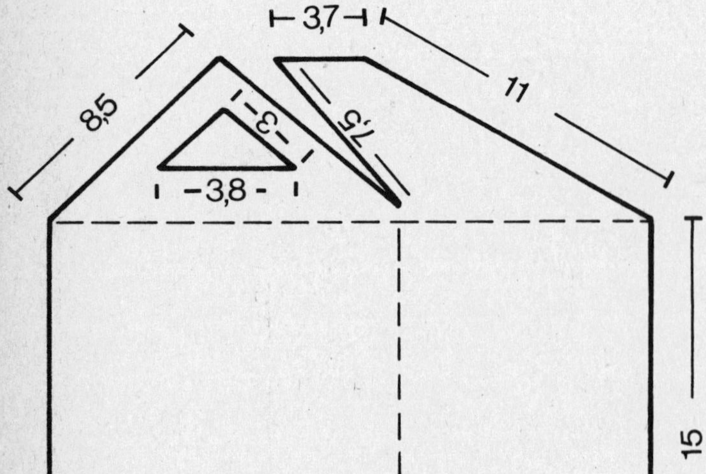

Haus 2

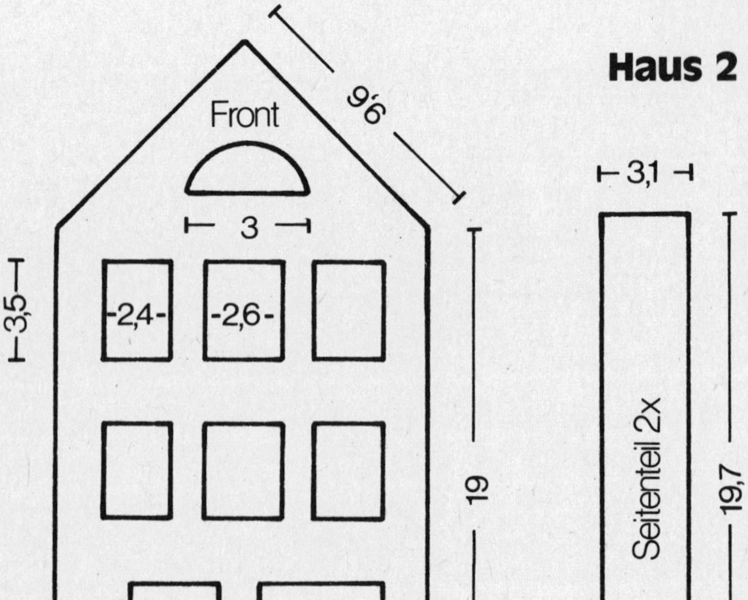

Kirche

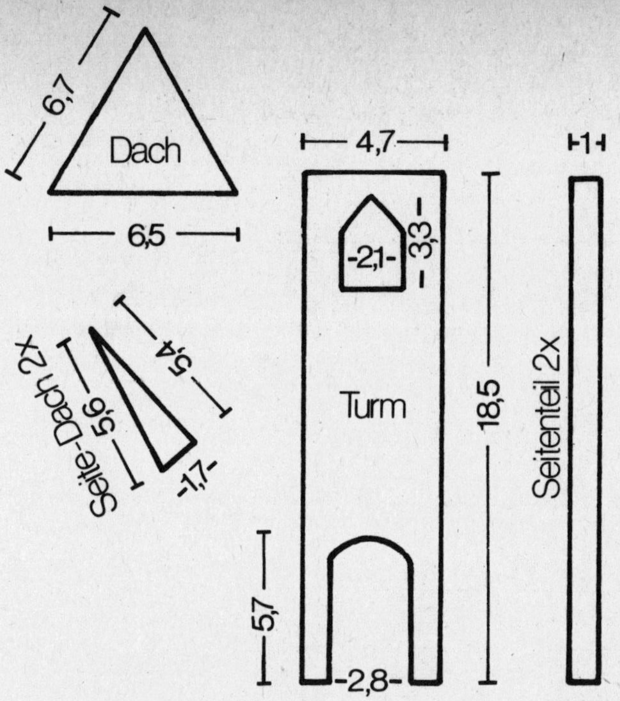

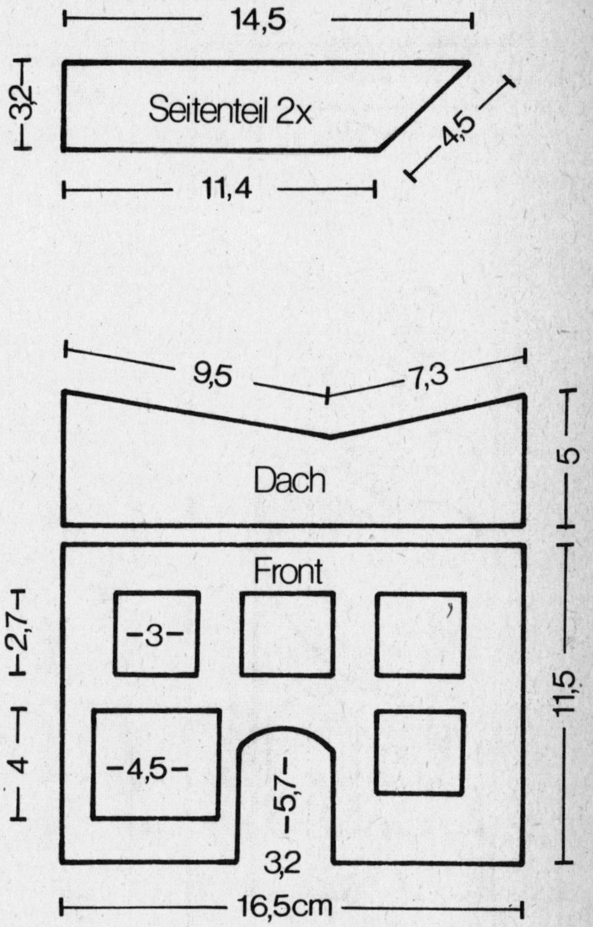

Haus 4

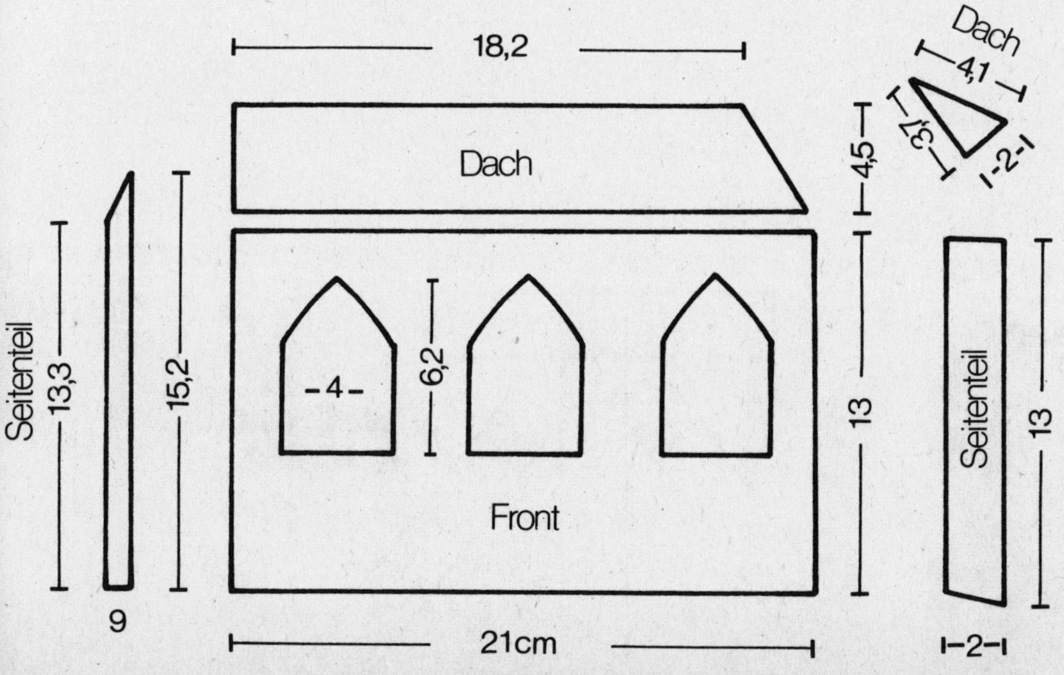

Kirche

Weihnachtskarten

zu Seite 40 + 41

Lesezeichen

Seiden-malerei-Laterne

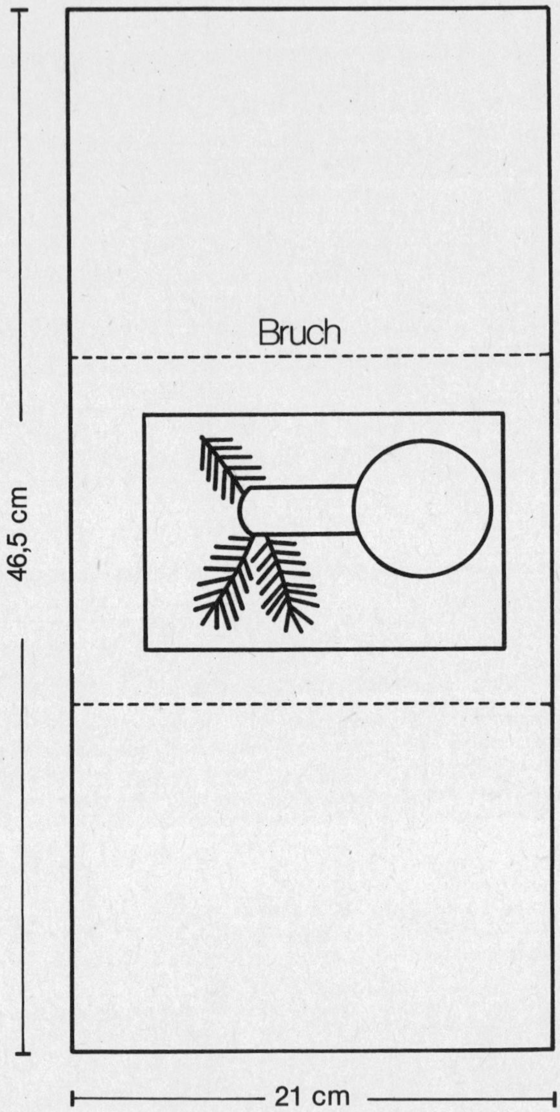

Weihnachts-schleife

Nikolausstrümpfe

zu Seite 48 + 49

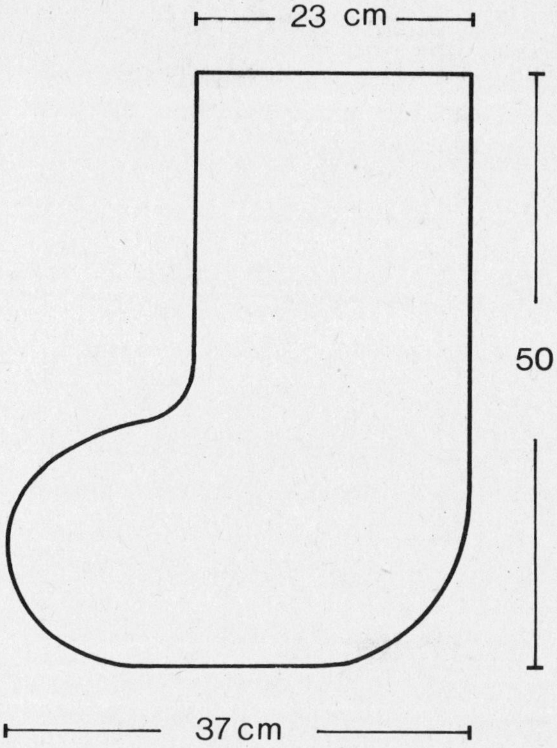

Stiefel aus Filz

Einstrickmuster 1

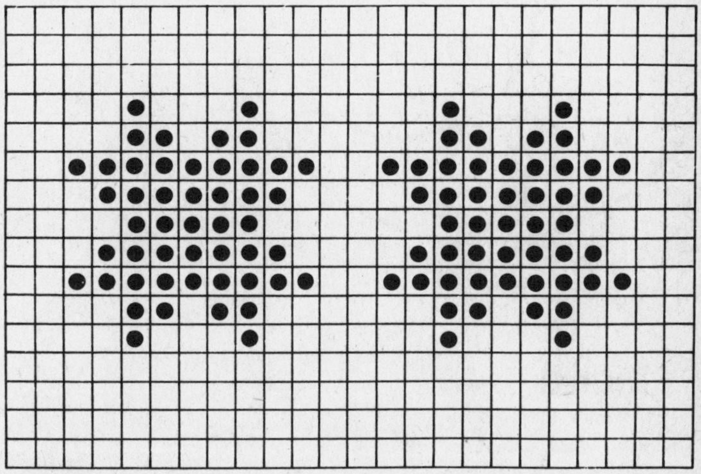

Strickmuster Nikolausstrumpf

Einstrickmuster 2

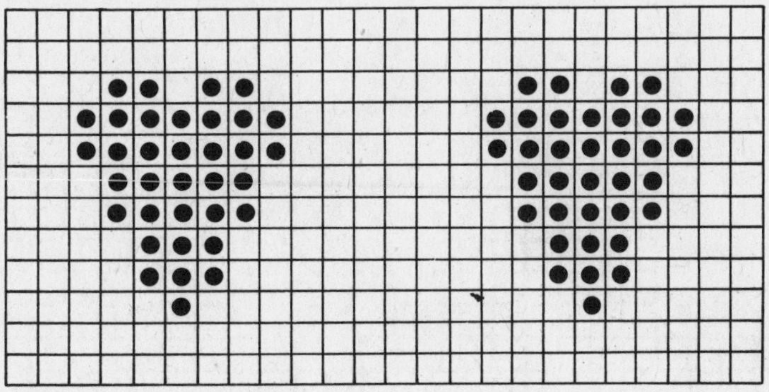

● rot

□ grün

Einstrickmuster 3

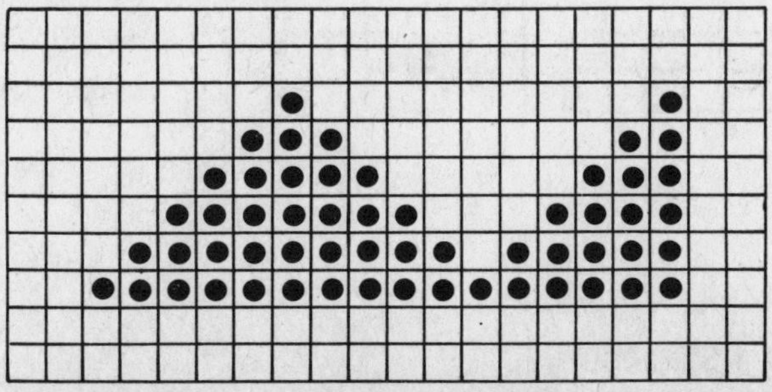

Einstrickmuster 4

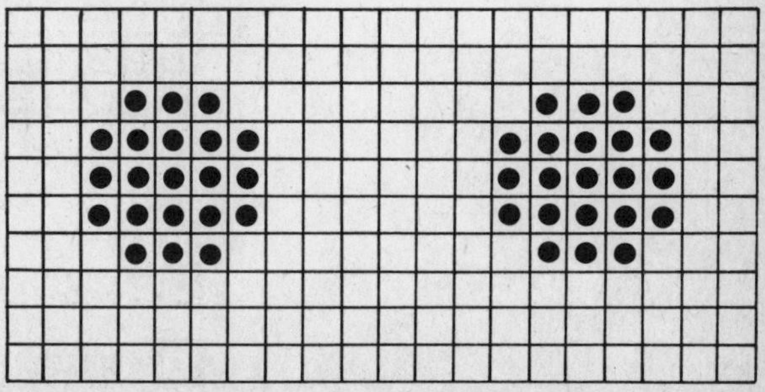

Festliche Kissen

zu Seite 56 + 57

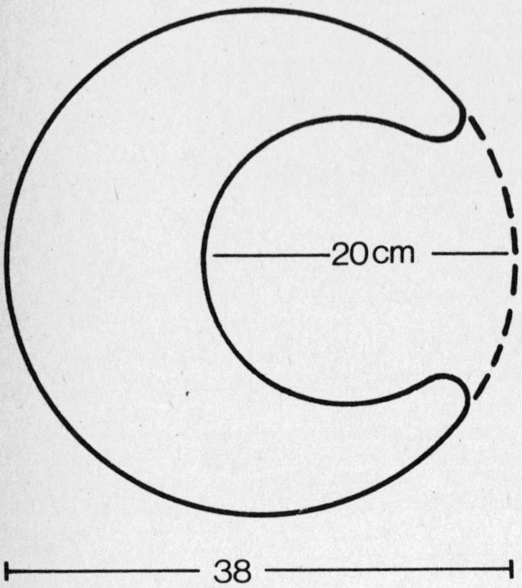

Mond

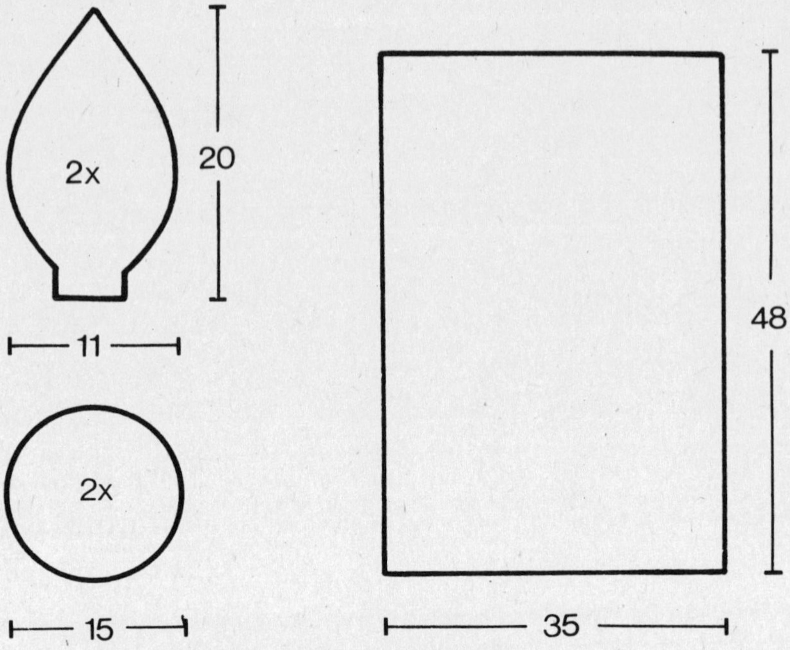

Weihnachtskissen-Kerze

Häkelstern in Gold

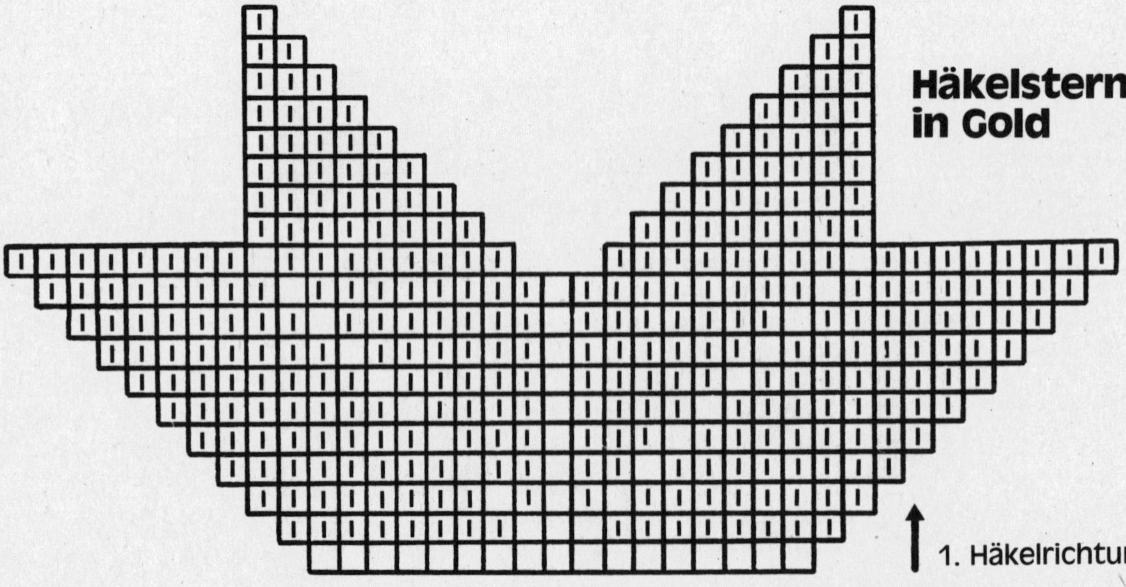

↑ 1. Häkelrichtung

↓ 2. Hälfte in Gegenrichtung arbeiten

[I] = 2 Stäbchen

[ ] = 1 Luftmasche 1 Stäbchen

216 + 217

Gestickte Ferienerinnerung

zu Seite 88 + 89

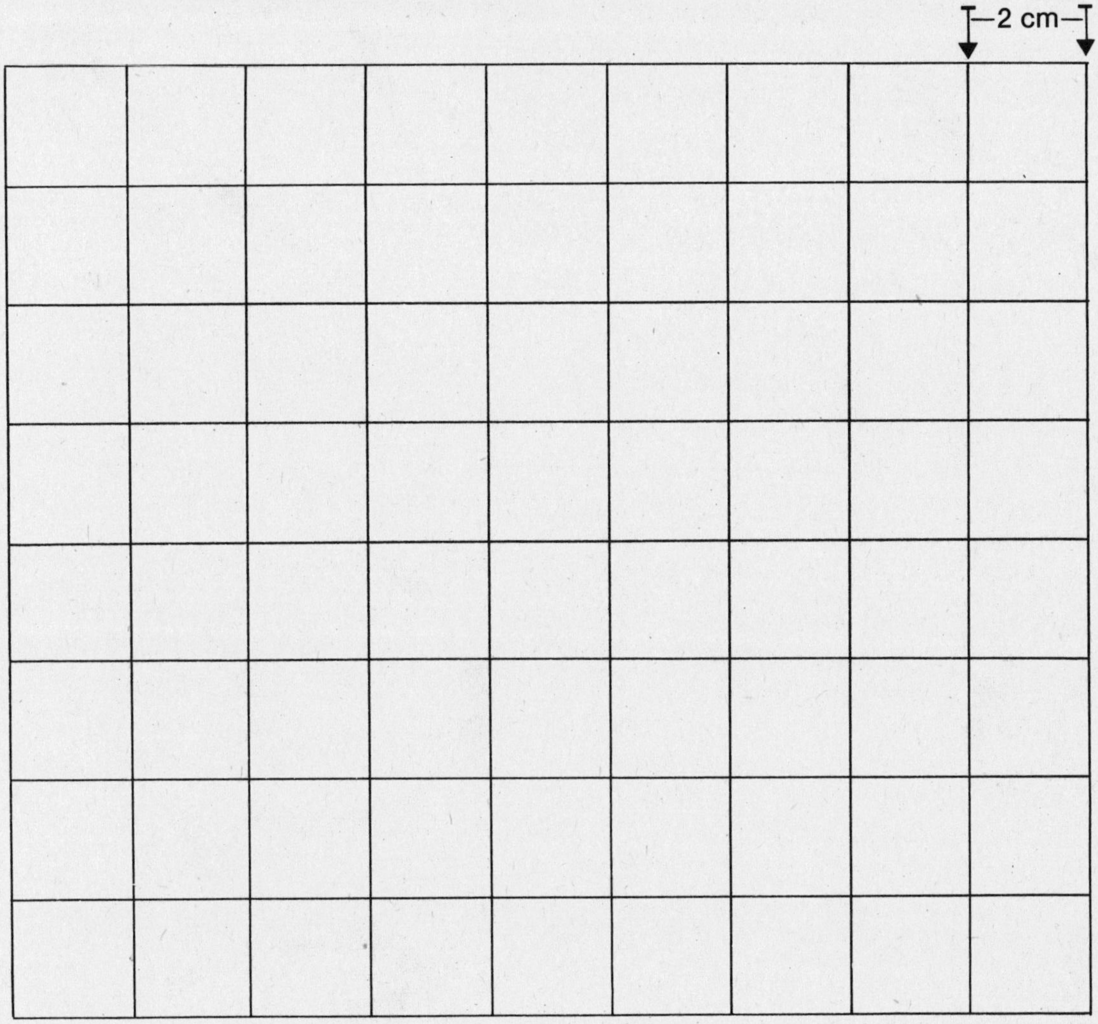

Das Übertragen der Schnittschemen in Originalgröße

Zeichnen Sie sich ein Gitter, das aus lauter gleichgroßen Quadraten besteht. Die Seitenlänge der Quadrate richtet sich nach der endgültigen Größe der Schnittzeichnung. Für kleine Dinge wählt man 2 cm, größere brauchen 5 bis 10 cm Seitenlänge.

Jetzt zeichnen Sie in das verkleinerte Schnittschema ebenfalls ein Gitter im richtigen Maßstab ein.

Überall, wo nun die Linie des Schnittschemas sich mit dem Gitter schneidet, markieren Sie den Punkt und übertragen ihn in das größere Gitter. So erhalten Sie rasch ein Punktschema. Jetzt müssen Sie nur noch die Punkte entsprechend der Zeichnung miteinander verbinden und erhalten so die originalgroße Schnittzeichnung.

Gestickte Kinderzeichnungen

zu Seite 104

Hexenstich

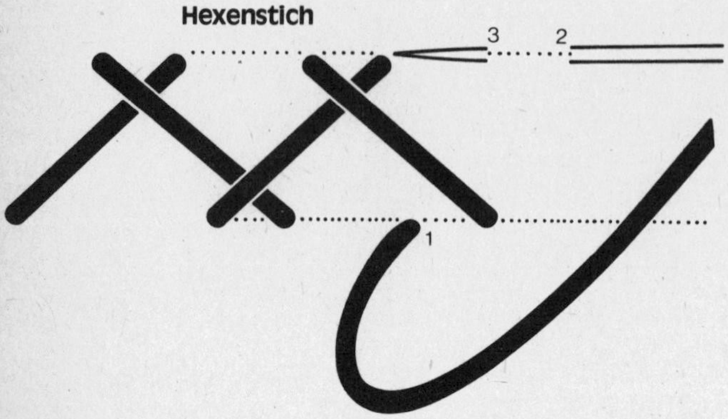

Stielstich

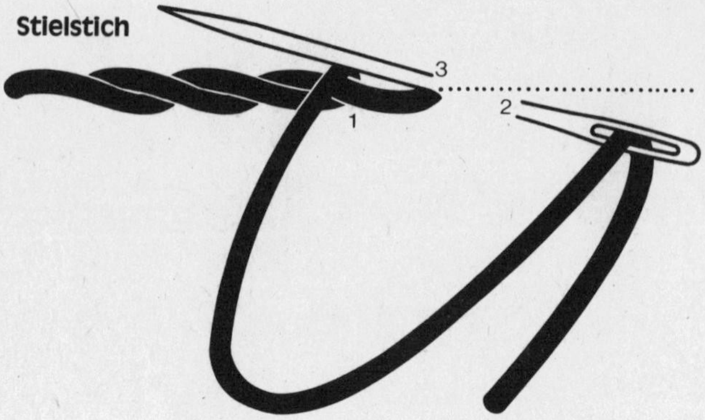

Spannstich

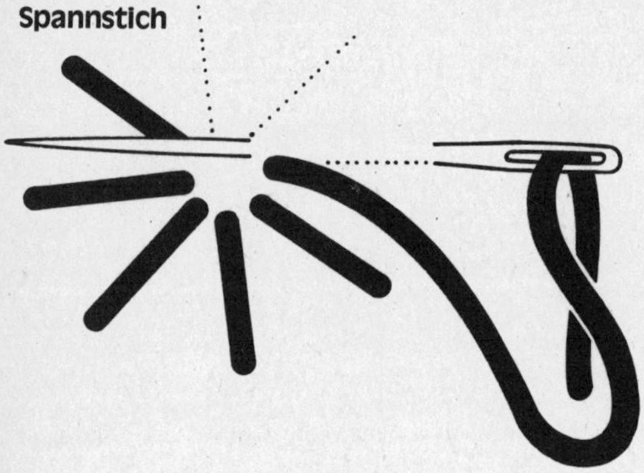

Steppstich

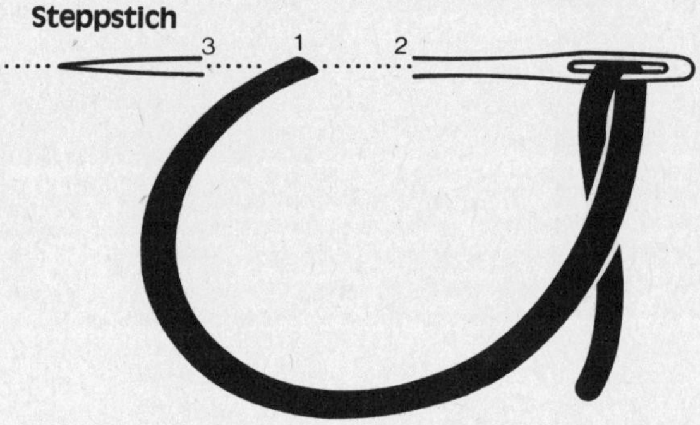

Plattstich

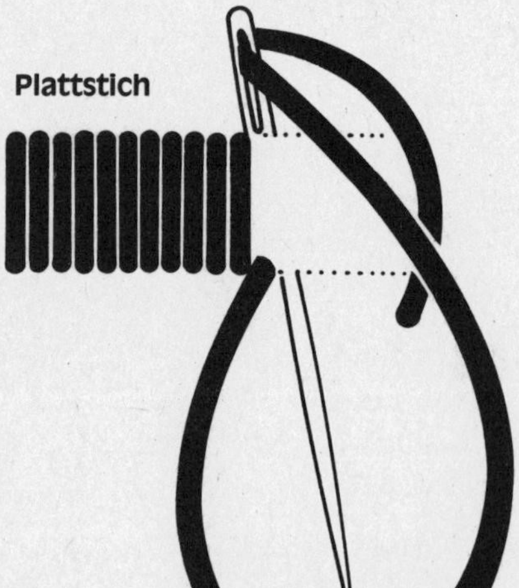

Kettenstich

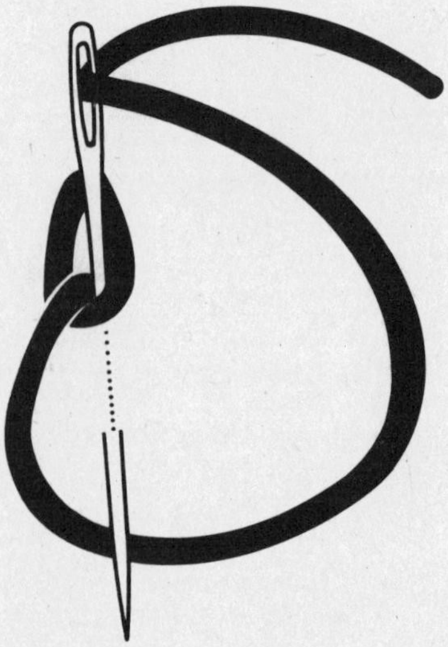

Weihnachtspapier

zu Seite 152

Stern-Papier

Spray-Papier

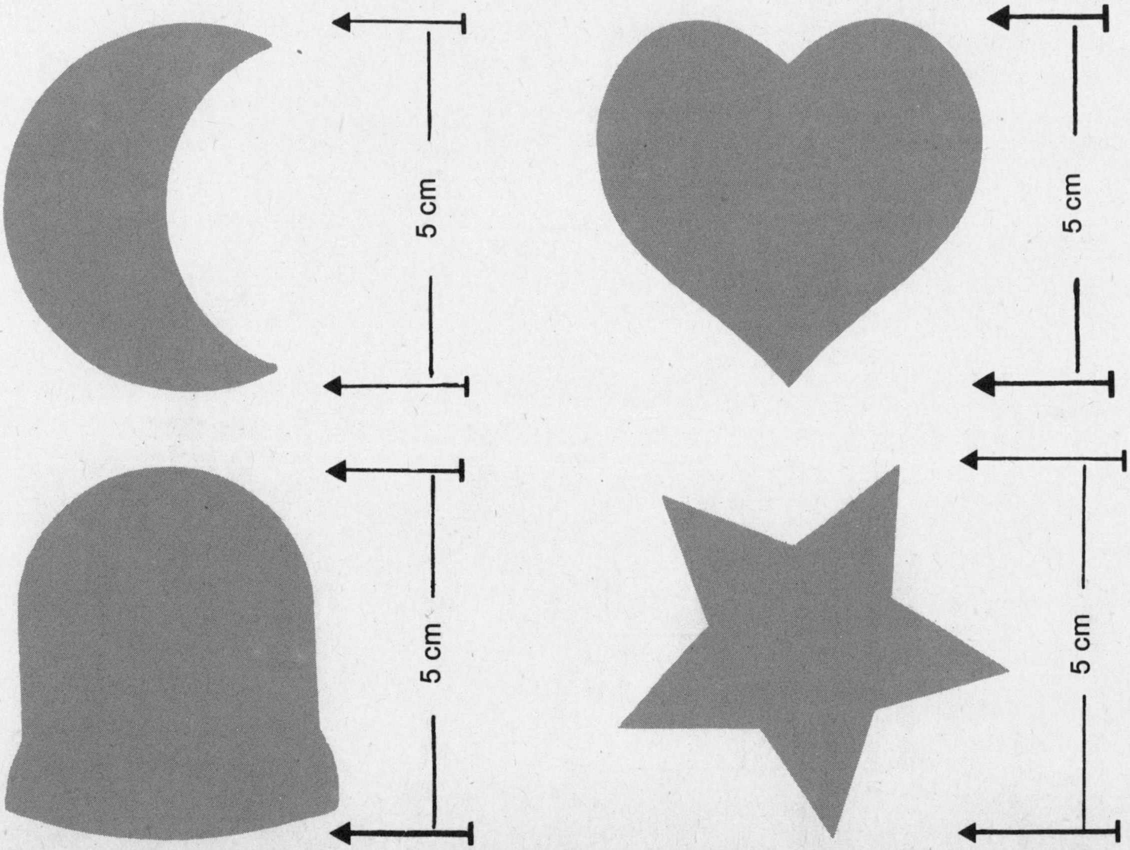

Weihnachtspäckchen

zu Seite 161

Abb. 1-4 Herztasche

1.

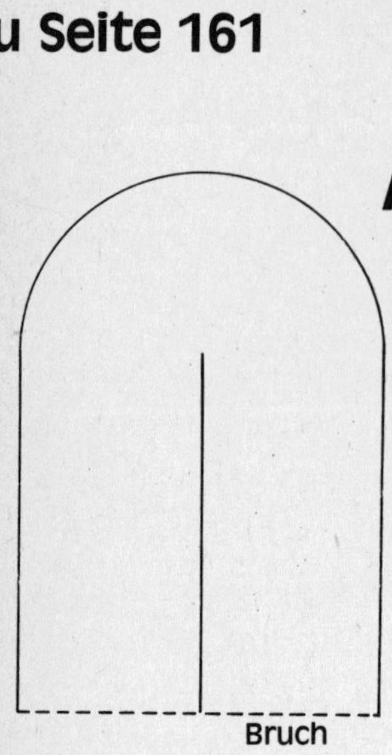

2.

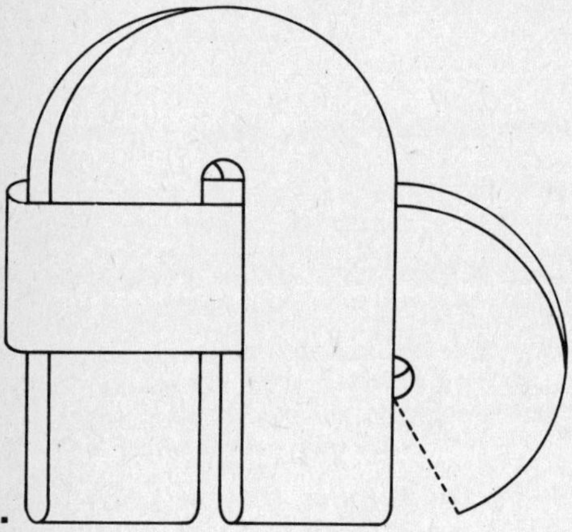

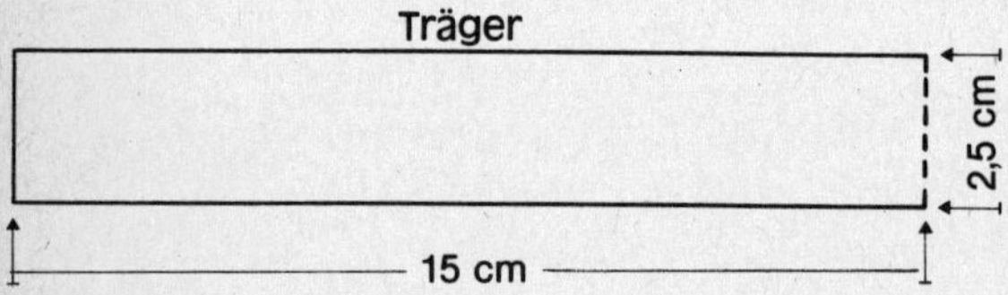

3.

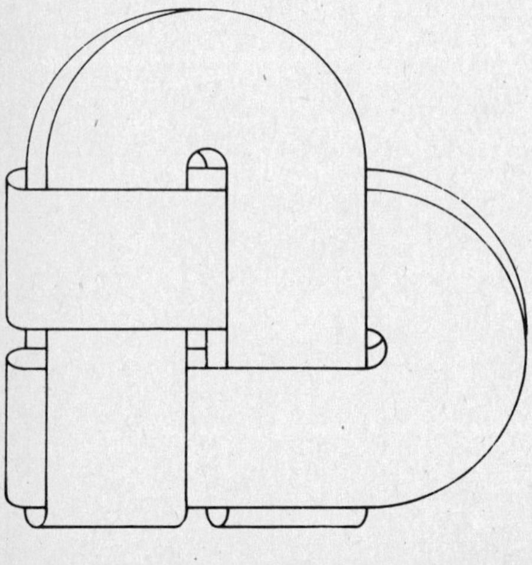

4.

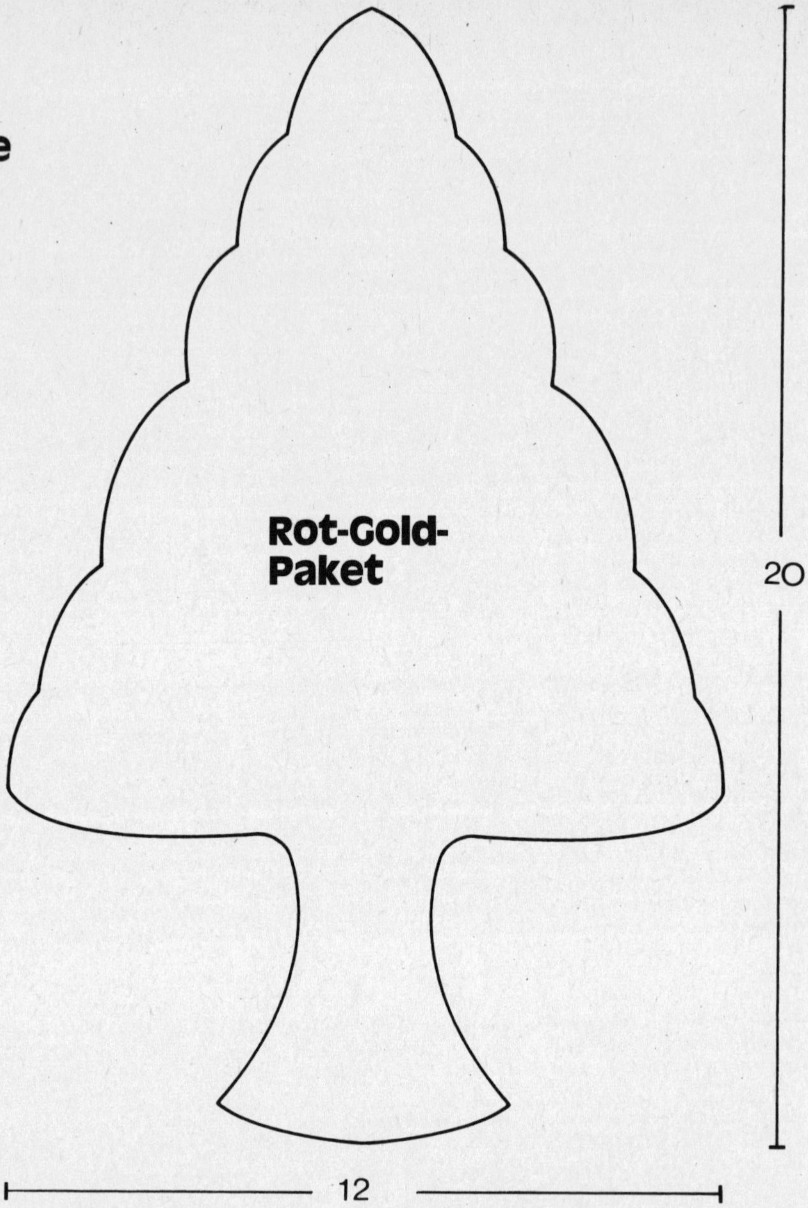

Engelchen und Weihnachtsmann

zu Seite 176 + 177

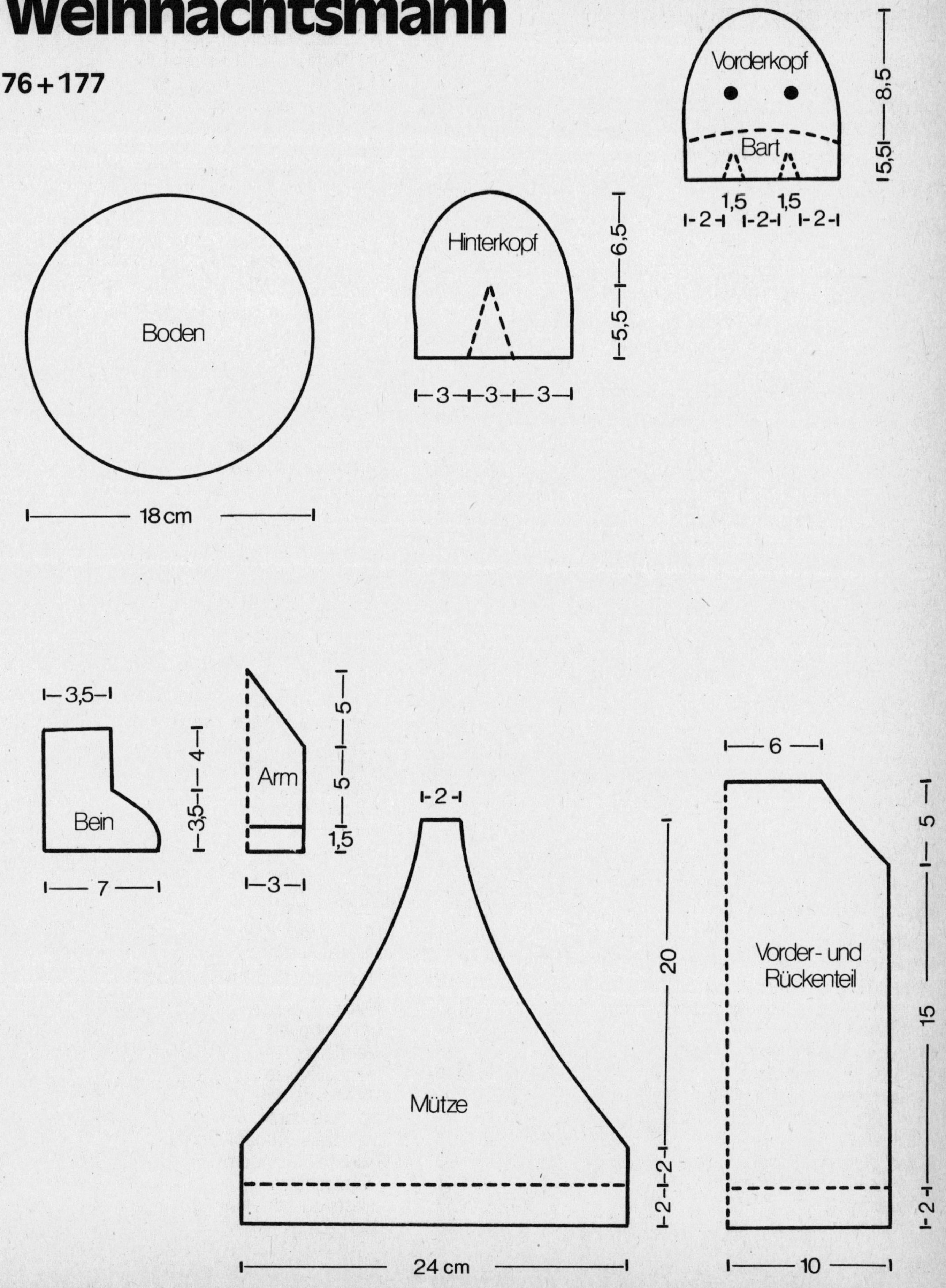

Sachverzeichnis

Küche und Bastelstube

Lieder und Geschichten

Wir bedanken uns für die Abdruckgenehmigungen bei:

1) R. Piper Verlag, München und Zürich, für
Ludwig Thoma, "Ave Maria"
Ludwig Thoma, "Christkindl im Advent"

2) Irina Korschunow, Grafrath, für
"Der kleine Flori und der Nikolaus"

3) Karl Rauch Verlag, Düsseldorf, für
Antoine de Saint-Exupéry, "Der Schatz des Kindes"

4) Otto Müller Verlag, Salzburg, für
Karl Heinrich Waggerl, "Das Christkind und der Floh"
Karl Heinrich Waggerl, "Muß es Traurigkeit sein?"